中等职业教育物流服务与管理专业系列教材

采购管理实务

主　编　柳和玲　王军华
副主编　郭　萍
主　审　施建年

科学出版社
北　京

内 容 简 介

本书是中等职业学校物流管理专业主要课程教材之一。本书以企业采购周期为叙述主线，并辅之以案例讲解，使理论分析和实务讲解并重。

全书共8章，内容包括采购原理、选择供应商、采购谈判、采购定价与合同、采购绩效评估、国际采购、资本性资产采购、服务采购。

本书既可作为中等职业学校采购管理、物流管理、市场营销、电子商务等专业的教材，也可作为各类成人教育、企业在职人员的培训教材。

图书在版编目(CIP)数据

采购管理实务/柳和玲，王军华主编.—北京：科学出版社，2007
（中等职业教育物流服务与管理专业系列教材）
ISBN 978-7-03-019463-3

Ⅰ.采… Ⅱ.①柳… ②王… Ⅲ.采购-企业管理-专业学校-教材
Ⅳ.F274

中国版本图书馆CIP数据核字（2007）第113581号

责任编辑：贾家琛 / 责任校对：刘彦妮
责任印制：吕春珉 / 封面设计：山鹰工作室

科学出版社出版
北京东黄城根北街16号
邮政编码：100717
http://www.sciencep.com
新科印刷有限公司 印刷
科学出版社发行　各地新华书店经销
*
2007年9月第 一 版　开本：787×1092 1/16
2022年1月第八次印刷　印张：12
字数：282 000

定价：35.00元

（如有印装质量问题，我社负责调换〈新科〉）
销售部电话 010-62136131　编辑部电话 010-62138978-8767（SF02）

序

教育的根本任务，在于根据人的智力结构和智力类型，采取适合的培养模式，发现人的价值，发掘人的潜能，展示人的个性。

长期以来，社会上普遍存在一种看法，认为职业院校的教学质量、教学水平低于普通院校，这是不公平的。因为职业教育与普通院校是两种不同类型的教育，从满足社会需求来看，职业教育重在培养生产、服务和管理第一线的应用型职业人才；而从个性需求来看，职业教育则重在培养以形象思维为主的青少年，使其同样成为国家不可或缺的人才。作为不同于普通教育的另外一种类型的教育，职业教育有着自己独特的规律和特点。教育类型不同，评价的标准也应该不同。

因此，职业教育的教育教学必须遵循自身的规律和特点。针对传统的建筑在学科体系理论知识基础上的教学，职业教育改革鲜明地提出了“行动导向”的全新教学观。所谓职业教育行动导向的教学，其基本意义在于：学生是学习过程的中心，教师是学习过程的组织者与协调人，遵循资讯、决策、计划、实施、检查、评估这一完整的行动过程序列，在教学中师生互动、生生互动，学生独立地获取信息、独立地制定计划、独立地实施计划、独立地评估计划，在动手中获取职业技能并掌握相关的专业知识。教学方法也从传统的课堂授课的组织形式逐步向项目教学法、案例教学法、仿真教学法、角色扮演教学法等转换。

但是，长期以来，对职业教育的教育教学改革至关重要的课程改革却一直止步不前，其原因在于课程微观内容的设计与编排始终远未跳出学科体系的藩篱。实践表明，职业教育课程内容的序化已成为制约职业教育课程改革的关键。在改革过程中出现的“工作过程系统化”的课程开发，很可能成为建立凸显职业教育特色的课程体系的突破口。

全国现代物流大会期间，我欣喜地听说科学出版社联合高职和中职院校以及相关企业的专家，在“行动导向”教学思想的指导下，共同合作开发了一套职业院校物流专业系列教材。这意味着，职业教育的课程开发正引起并成为教育界、经济界努力探索的目标，并且已经在物流行业取得了很大进展。所以，当这套物流教材的样章交给我时，我深深地感到，我们近年来在职业教育课程理论上的探究，在物流行业得到了实际的体现。特别是，以就业为导向的工学结合的办学模式，通过这套教材的开发、编写而得以“物化”。

伴随着物流这样一个在我国方兴未艾的行业的发展，物流管理专业由于刚刚起步，无论是在理论体系还是在教学实践层面都有待完善。但正因为如此，对教育界来讲，这是一种挑战，也是一种机遇。如何针对市场的不断变化、针对物流业的实际需求，培养出满足物流企业需要的职业人才，同时又如何针对学生的智力特点，针对学生的个性需求，培养出社会需要的合格劳动者，是我们职业教育界必须正视的问题。本系列教材密切结合物流企业的实际工作，结合物流业务的真实案例，在教材编写时充分考虑了学生的学习兴趣及其能力的培养，其特色可以概括为：

一、业务案例导入

本系列教材选择物流行业中的实际的工作案例，引发学生的思考，让学生带着问题去学习相应的理论知识，充分调动了学生的学习积极性。鉴于职业院校的学生主要具有形象思维的智力特征，如何将抽象的逻辑建构的知识体系形象化、具体化、生活化和职业化，提高他们的兴趣，是至关重要的。因此，从物流业务的实际工作案例导入，能大大提高学生学习的兴趣，从而激发其学习动力。

二、工作流程主线

本系列教材难能可贵的是，既关注职业院校毕业生必须首先以就业为目标的根本方向，强调教材内容要有助于学生迅速适应职业工作的要求，又关注技术和社会发展对职业人才提出的新要求，强调教材要有助于学生职业能力的培养，因此，理论知识不能太抽象而必须契合职业实践。以实际工作过程为主线的课程符合这一需求，所以本系列教材结合物流企业实际业务工作过程，在将职业技能的习得与相关理论知识的学习结合方面，做出了有益的探索。

三、教学资源多元

本系列教材扩展了传统教材的界域，将其视为一个教学资源库，从而能集实践、知识与操作应用于一体，配合视频采集、图片图表，并采取情境模拟、作业发布、集体讨论、小组竞赛等多种教学方式，极大地丰富了学生的感性认识和理性认识，有利于了教与学、做与学的整合。

四、学习内容综合

本系列教材的内容具有跨专业的视野。现代物流是一个深入国民经济各方面的开放系统和动脉系统，具有跨地区、跨行业、跨部门的特征，因此本系列在教学内容上必然涉及多方面的专业知识，由此必须打破传统教材的学科性及学科体系的界限，而按工作过程逻辑建构教学内容，就将专业的和跨专业的知识有机融合在一起。

五、学生主体突现

本系列教材围绕基于职业实践的教学任务或单元，设计学习环境及其活动，并在各小节设置相关实训作业，旨在消除传统学科教学满堂灌的弊端，强调学生参与操作、参与思考，其内容编排要求学生采取小组学习形式，可充分发挥团队力量，既有利于学生主动探索和尝试精神的培养，又有助于学生责任感和协作精神的形成。

陶行之老先生有句话："生活即教育，社会即学校，教学做合一。"我相信，只要我们职业教育界的各位同仁共同努力，深化改革，解放思想，追求创新，就能实现陶老的希望，创造卓越。

物流行业的发展日新月异，物流人才的需求与日俱增，物流职业教育的改革日益深入。如果说，物流职业教育的改革与发展，正迎来一个美好的春天，那么，在经历夏日的辛勤的耕耘之后，一定会有一个硕果累累的金秋。

教育部职业技术教育中心研究所研究员、《中国职业技术教育》主编

姜大源

前　言

20 世纪 90 年代以来，经济全球化进程中的企业越来越深刻地认识到采购职能对提高企业运作效率和增强竞争力的巨大潜力。采购从以交易为基础的战术职能上升为以流程为导向的战略职能。采购管理作为企业价值链中的重要一环，不论从成本和质量的角度考虑，还是从交货期和敏感性角度考虑，都对企业竞争力的提升具有重要意义。

企业采购、政府采购以及全球采购的迅速发展，对采购人员特别是采购管理人员的要求也随之发生了根本变化。今天的采购管理人员不仅要处理事务性的文书工作，而且要具有战略性思维；不仅要具备采购方面的专业技能，还要具备管理方面的综合知识和技能；不仅要成为制定采购规格的技术行家，还要成为谈判专家和商务高手。

本书用生动简明的语言，系统地介绍了采购的各个方面，从采购原理到采购实践，从采购过程到采购管理技巧，从供应源搜寻到采购谈判与合同签订，理论分析和实务讲解并重。

本书的编写人员有：北京市交通学校的柳和玲，河北经济管理学校的郭萍，深圳市宝安职业技术学校的王军华，北京市交通学校的赵辉和赵炎。

在本书的编写过程中，我们参阅、引用了国内外有关采购与供应学科的资料，在此，对相关作者表示诚挚的谢意。

由于编者水平有限，书中难免有疏漏与不足之处，恳请广大读者批评指正。

目　　录

第1章 采购原理

学习目标

通过本章的学习，学生应该能够解释采购的定义，描述采购管理的内容，熟悉采购周期包括的阶段，认识采购的五个正确，定义质量、前置期，阐述采购的重要性，熟悉采购的道德规范。

案例导入

壳牌国际石油公司的采购愿景

1991年10月，壳牌国际石油公司常务董事会主席在对采购经营战略的介绍中谈到，将商品和服务的供应视为一个管理问题，而不再是简单地接受——它能够并且应当成为产生竞争利益和巨大财务收益的潜在力量。

1.1 采购概述

必备的理论知识

1.1.1 采购管理

1. 采购的定义

采购可以定义为：以购买、租赁、借贷、交换等各种不同途径取得物品及服务的使用权或所有权，以满足使用的需求。

1）租赁。是指一方用支付租金的方式取得他人物品的使用权。

2）借贷。借贷是指一方凭借自己的信用和彼此间的友好关系获得他人物品的使用权。

3）交换。交换是指双方采用以物易物的方式取得物品的使用权和所有权，但并没有以货币直接支付物品的全部价值。

在一个大型企业里，采购就其功能来讲不单单是采购员或采购部门的事，而是企业整体供应链的重要组成部分，同时采购也是物流的重要组成部分。本书主要介绍以购买方式为主的采购活动。

2. 采购管理的概念

采购管理是指为了达成生产或销售计划，从适当的供应商那里，在确保质量的前提下，在适当的时间、以适当的价格，购入适当数量的商品所采取的一系列管理活动，即对整个企业采购活动的计划、组织、指挥、协调与控制。

采购管理一般由高级管理人员承担。其使命就是要保证整个企业物资供应。而相对来说，采购只是指具体的采购业务活动，是作业活动，一般是由采购人员承担的工作，其使命就是完成采购部门经理布置的具体采购任务。可见采购与采购管理是有区别的，但是它们之间也有联系，采购本身也涉及具体管理工作，采购管理又可以直接作用到具体的采购业务的每一个步骤、每一个环节、每一个采购员。所以采购管理和采购之间既有区别又有联系。在企业内部，采购人员需要具备很强的计算机和信息系统技能的战术执行能力；采购管理者需要具备很强的分析和计划的战略决策能力。

采购管理者的工作内容包括：

① 明确采购要求。

② 协商与方案评价。

③ 供应商分析。

④ 谈判。

⑤ 合同执行。

⑥ 预测与战略。

⑦ 物流（控制和规划物流路线）。

⑧ 采购运作水平的提高。

⑨ 发展同供应商的关系。

⑩ 采购部门的行政管理（确定采购目标、制定部门预算）。

⑪ 人员管理。

1.1.2 采购的范围

采购涉及品种繁多的物品和服务，总体来说采购的物品和服务可以归为以下几种：

1）原料。原料就是未经转化的材料，在生产流程中作为基本的材料存在，如矿物原料（铁矿石、铜矿石、煤等）和天然原料（谷物、大豆和咖啡等）。

2）辅助材料。辅助材料指的是在生产流程中被使用或消耗，但并不被最终产品实际吸收的材料，如润滑油、冷却水、抛光材料、焊条和工业用气。

3）半成品。这些产品已经过一次或多次处理，并将在后面的阶段进行深加工。它们在最终产品中实际存在，如钢板、钢丝和塑料薄片。

4）零部件。零部件指不再发生物理变化的产成品，通常它与其他部件相连接。它们被嵌入最终产品内部，如前灯装置、灯泡、电池、发动机零件、电子零件和变速箱。零部件有专用件和标准件，专用件是按照客户的设计或规格生产的，而标准件则是按照供应商的规格生产的。

5）成品。这包括被用来销售而采购的所有产品，它们在经过价值增值后，与其他的成品或制成品一起销售。如汽车生产商提供的附件，像汽车收音机、装饰用轮缘。制造商并不生产这些产品，而是从专门的供应商那里得到它们。百货公司所销售的消费品也属于这个范围。

6）投资品或固定设备。这些产品不会被立刻消耗。但其采购价值经过一段时间后会贬值。账面价值一般会逐年在资产负债表中报告。投资品可以是生产中使用的机器，也包括计算机和建筑物。

7）维护、修理和运营（maintenance repair operating，MRO）物品。指需要重复或循环维护企业运行的物品，如防火和安全设备、电力供应、工厂及设备维修的各种零配件。

8）服务。服务是在合同的基础上由第三方完成的活动，服务包括清洁服务、物流服务等。

小　结

本节介绍了采购、采购管理的概念和采购的范围。

相关作业

说明采购的范围，解释采购、采购管理的定义。

1.2 采购周期

必备的理论知识

现代管理要求按照一定的程序，有条不紊地开展生产经营业务，采购作为企业的一项基本活动和重要职能，同样必须按照一定的程序进行。企业采购活动是一个循环往复的过程，包括一系列的一般性步骤，以识别需求开始，以供应商评估结束。图 1.1 列举了典型的采购周期的步骤。

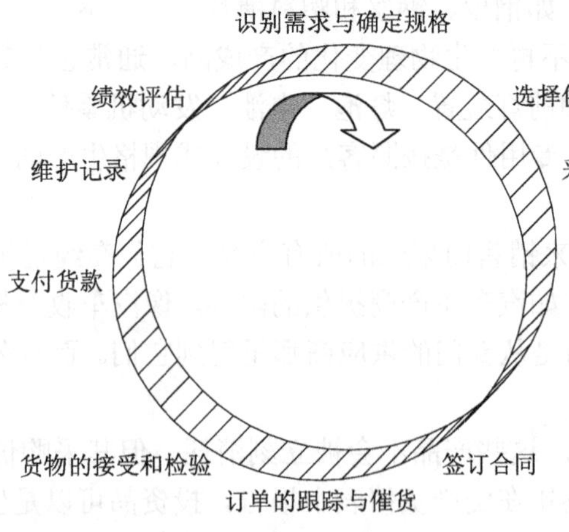

图 1.1　采购周期

1.2.1　识别需求与确定规格

1. 识别需求

识别需求是采购过程的起点。如果这一步没有做好，那么后面的所有步骤都将是有缺陷的。所以正确地走出第一步至关重要。

任何采购都起源于企业中某部门的确切需求。负责具体业务活动的人应该清楚地知道本部门独特的需求：需要什么、需要多少、何时需要，并根据需求编制采购申请单（以下简称请购单）。

采购申请可以来自于生产或使用部门，可以来自销售或广告部门，也可以来自实验室。通常，不同的部门会使用不同的采购单；或者，也可以给不同的部门编上各不相同的数字代码。图 1.2 是一张典型的请购单。

以下内容应该包括在请购单中：

① 日期。
② 编号。
③ 申请的发出部门。
④ 涉及的金额。
⑤ 对于所需物料本身的完整描述以及所需数量。
⑥ 物料需要的日期。
⑦ 任何特殊的发送说明。

⑧ 授权申请人的签字。

有些企业在采购申请表上还留出了填写“建议的供应商”和“建议的价格”。

请 购 单

申请部门 ____________________ 编　号________

预 算 额 ____________________ 日　期________

需要数量	单　位	描　述

需要日期____________________

遇有问题通知____________________

特殊发送说明____________________

申请方____________

说明：一式两份，原件送采购部门，申请者保留文件副本

图 1.2　请购单

2. 确定规格

通常用规格来描述所需产品或服务，规格是“对产品或服务属性的说明”。对所需产品或服务加以准确描述是采购成功的关键阶段。

有些产品的规格很简单，例如，在采购复印纸时，A4 这个规格足以使用户和供应商都很容易理解，因为 A4 表示的尺寸是国际标准 210mm×298mm。而有些产品的规格则很难描述，因而需要采购人员对其加以准确描述。

发现需求后，对所需求产品和服务的规格如品质、包装、售后服务、运输及检验方式等，均应加以准确描述，以便使来源选择以及价格谈判等作业流程能顺利进行。

（1）产品规格

有各种不同类型的产品规格，我们将具体地探讨下列几种类型：

1）品牌和商标名称。品牌和商标名称是产品规格的简单的描述形式。使用品牌适合于日常经常使用的产品和服务。品牌或商标加上特定的型号信息，将足以向供应商传达所需的采购信息。如“东芝 4000CDT 笔记本电脑”。

2）样品。样品经常是在所购物品很难描述时使用的。

3）技术规格。技术规格具有较高的说明性，是对所需事物十分详细的一个定义。技术规格需求一般包括下列参数：

① 物理性质（尺寸、强度等）。

② 设计细节。

③ 公差。

④ 使用材料。

⑤ 生产过程和方法。

⑥ 维护要求。

⑦ 操作要求。

技术规格应该清楚和准确，供应商无需任何额外的解释就能够使购买者明白。

4）设计图纸。某些制造产品可能需要一份设计详细图纸来说明要求，设计图纸在性质上与技术规格是相似的，并且两者可以联合使用。

5）构成规格。构成是某一产品的组成，一般是从其化学和物理性质方面进行描述，如包括纯度、密度、成分、添加剂等。这类规格通常用于原材料以及食品和化学类商品。

6）功能和性能规格。功能规格通常描述采购产品所要执行或达到的功能；而性能规格通常描述有关如何更好地达到这种功能的附加要求。例如，功能规格可能要求一辆送货车可装载 5 吨货物，而性能规格则包括附加的要求，如这辆车的平均运行成本必须低于每公里 1.5 元。

功能规格是比较简短的文件（与详细的技术规格相比较），一份功能可能包括：

① 要达到什么功能。

② 对产出的要求水平。

③ 工作环境/操作环境。

④ 过程投入。

⑤ 安全等级。

⑥ 最短时间。

⑦ 衡量绩效的原则。

功能规格可以用于工程物品，例如，锅炉或者水泵系统，如“该水泵适于户外使用，并且安全”。因为对于这类物品购买者非常依赖于供应商交付合适产品的能力，因此选择可靠的供应商是非常重要的。

以上各种不同类型的产品规格的适用条件归纳如表 1.1 所示。

表 1.1　不同类型的产品规格的适用条件

规 格 类 型	各类产品规格需求的适用条件
品牌和商标名称	通用产品 质量比成本更重要时
样品	采购前很难评估质量 当展示需求比用文字描述或确认它更容易时

续表

规格类型	各类产品规格需求的适用条件
技术规格	供应商不具备所需设计的专有知识和技能 组织希望保留内部设计的专有知识和技能 具有与现有设备复杂的接口
功能/性能规格	供应商比采购方拥有更多的专有知识和技能 注重创新 供应商所拥有的行业技术正发生着迅速变化

（2）服务规格

企业可采购的服务类型很多，包括运输、广告、薪酬管理、安保服务、餐饮管理、教育培训、设计服务、管理咨询等。

服务在许多方面不同于有形产品，制定服务规格是非常重要的，但也是非常困难的。

1）服务规格界定的困难。许多产品的需求可以明确地阐明，如尺寸、重量、原材料类型或者燃料消耗量等。服务是无形的，许多时候，制定服务规格比制定产品规格更困难。例如，什么样的干净才是干净？修理一台计算机应该花费多长时间？一顿烹饪良好的膳食的定义是什么？

2）服务水平协议。服务规格经常被称为“服务水平协议”，这些协议是服务提供者和客户之间签订的，规定客户所能接受的最低的服务水平，通过一系列衡量尺度或关键绩效指标（KPI）进行衡量。随着所签订合同的服务性质不同衡量尺度也会发生变化。

1.2.2 选择供应商

供应商的选择是采购职能中的重要一环，它涉及了高质量供应来源的确定。企业可以根据需求描述在原有供应商中选择成绩良好的厂商，通知其报价，或以登报公告等方式公开征求。决定和某个供应商进行大量业务往来需要一系列合理的标准。采购方对供应商能否满足自己的质量、数量、交付、价格、服务目标等的观察将支配决策结果。与这些基本采购目标相关的还有一些更重要的供应商品质，包括历史记录、设备与技术力量、财务状况、组织与管理、声誉、系统、程序柔性、通信、劳资关系、位置等。

1.2.3 采购谈判

谈判（negotiation）可以定义为：在商业交易中，个人、团体、组织、社团、社会以及不同国家之间，为了达成协议而进行的商议、讨论或讨价还价的过程。

谈判总是既包括共同的利益，又包括各自利益的冲突。显然，没有共同利益点，问题就不可能得到解决。

谈判不同于球赛或战争。在球赛或战争中，一方赢，另一方只能输。在成功的商业谈判中，双方都能获益，这种过程被称为“双赢谈判”。然而，利益却很少被均分，总是一方多于另一方。这也是商业中的规律。通过高明的商业谈判技巧可获得优厚的回报。

采购商有效谈判的能力意味着与供应商交易成功或失败的不同结果。

良好的谈判技能会对企业竞争力和利润的提高起到重要的作用。其贡献的程度会依所谈判商品或服务的特性和价值的不同而不同。在多数情况下，提高了谈判绩效能够实现以下一项或多项目标：

1）更低的供应总成本。

2）更好的品质、耐用性和性能。

3）缩短各种提前期。

4）使合同的履行更加有效并按时进行。

5）改进供应商可靠性和服务。

6）减少同供应商的争执。

1.2.4 确定价格

确定所需支付的价格是采购过程中的一项重要决策，是否具备得到“好价格”的能力有时是衡量一个优秀采购者的首要标准。采购者必须很好地掌握各种定价的方法，了解各种方法的适用时机，并能够利用技巧来取得满意的支付价格。

1.2.5 签订合同

合同可以定义为双方或多方当事人之间的一份法律协议，这份协议可在当事人之间建立一种具有法律约束力的关系。

价格谈妥后，应办理订货签约手续，即签订合同——具有法律效力的书面文件，对买卖双方的要求、权利和义务，必须予以说明。

合同可以书面文件的形式成立，文件中必须设计到买方各方面的要求，合同具有许多重要功能：

① 规定买卖双方的义务。

② 阐明协议中的详细内容（价格、完成方式、规格、支付日期）。

③ 说明所依据的法律。

④ 分清买卖双方之间的责任。

1.2.6 订单跟踪与催货

签约订单后，为保证供应商按期、按质、按量交货，应依据合同规定，督促厂商按规定交货运输，并予以严格检验入库，在一些企业中，设有全职的跟踪催货人员。跟踪是对订单所做的例行跟踪，以便确保供应商能够履行其货物发运的承诺。如果产生了问题，如质量方面的问题，采购方就要对此尽早了解，以便采取相应的行动。跟踪通常需要经常询问供应商的进度，有时甚至有必要到供应商那里走访一下。不过，这一措施一般仅用于关键的、大额的或提前期较长的采购事项。通常，为了及时获得信息或知道结果，跟踪是通过电话进行的，不过，一些企业也会使用一些简单的表格，以查询有关发运日期和某一些生产计划完成的百分比。

催货是对供应商施加压力，使其履行最初所做出的发运承诺，提前发运货物或是加快已延误订单的发运。如果供应商不能履行合约，采购方会威胁取消订单或是以后可能的交易。催货一般仅适用于采购订单的一小部分，因为供应商的能力采购方已做过全面分析，能够被选中的供应商一般是能遵守合约的。而且一家企业对其物料需求已做了充分的计划工作，如果不是特殊情况，就不必要求供应商提前货物的发运日期。当然，在货物匮乏的时候，催货确实有重要意义。

1.2.7 货物接受和检验

货物的正确接受有重要意义，大部分有经验的企业采用将所有货物的接受活动集中于一个部门的方法。由于收货部门和采购部门关系十分密切，所以许多公司中收货部门直接或间接地向采购部门负责。

货物接受的基本目的是为了确保以前发出的订单所采购的货物已经实际到达并检查是否完好无损，是否符合数量。这样才能将货物送往应该到达的下一个目的地以进行储存、检验或使用。接受部门要将与接受手续有关文件进行登记并送交有关人员。

凡厂家所交货物与合约不符而验收不合格者，应依据合约规定退货，并立即办理重购。

1.2.8 支付货款

供应商交货验收合格后，随即开具发票，付清货款。采购部门应核查发票的内容是否正确后，财务部门才能付清货款。

1.2.9 维护记录

经过以上的步骤之后，对于一次完整的采购活动而言，剩下的就是更新采购部门的记录。凡经结案批示后的采购案件，均应列入档案、登记编号分类，予以保管，以备参阅或事后发生问题时查考。档案应具有一定保管期限的规定。例如，一张可以作为和外界所签合同的证据的采购订单一般要保存 7 年，应该比作为备忘录的采购申请单的保存期限要长。

要保存的记录有以下几种：

1）采购订单目录。目录中所有的订单部应被编号并说明结案与否。

2）采购订单卷宗。所有的采购订单副本部被顺序编号后保管在里面。

3）商品文件。记录所有的主要商品或主要项目的采购情况（日期、供应商、数量、价格和采购订单编号）。

4）供应商历史文件。列出了与交易金额巨大的主要供应商进行的所有采购事项。

5）劳务合约。指明所有主要供应商与工会所签合约的状况（合约期日）。

6）投标历史文件。指明主要物料项目所邀请的投标商、投标额、不投标的次数、成功的中标者等信息。这一信息可以清楚反映供应商的投标习惯和供应商可能存在的私下串通。

7）工具和寿命记录。指明采购的工具、使用寿命、使用历史、价格、所有权和存放位置。

1.2.10 绩效评估

采购工作在一系列的作业程序完成之后，是否达到了预期的目标，企业对采购的商品是否满意，是需要经过考核评估之后才能下结论的。

1）评估。即评价估量，是指评论估量货物的价格，现在泛指衡量人物、事物的作用和价值。

2）绩效。即功绩、功效，是指完成某件事的效益和业绩。

3）采购绩效评估。就是建立一套科学的评估指标体系，用来全面反映和检查采购部门工作实绩、工作效率和效益。对采购绩效的评估可以分为对整个采购部门的评估和对采购人员个人的评估。对采购部门绩效的评估可以由企业高层管理者来进行，也可以由外部客户来进行；而对采购人员的评估常由采购部门的负责人来进行。

小　结

企业采购活动是一个循环往复的过程，本节介绍了采购的一般性步骤，以识别需求开始，以供应商评估结束。

相关作业

画图说明采购的步骤。

1.3 采购目标

必备的理论知识

采购的目标就是保证组织拥有可靠的物料供应，即以正确的价格采购具有正确的质量及正确的数量的产品和服务，并在正确的时间交付到正确的地点。

1.3.1 正确的质量

质量的定义可以描述为“符合规格”或“适合用途”。

1）符合规格。即获得规定的产品或服务，同时满足需要。高于、低于和不符合规格都会引起额外的不必要的成本。“规格”包括：必需的性能；符合规定的尺寸、误差和标准；可靠性；生产过程中使用的工艺。

2）适合用途。是根据产品或服务是否满足来描述质量。获得合适的质量是指当采购的产品或服务既不低于规格也不高于规格。

1.3.2 正确的数量

正确的数量是指采购的数量符合需求。可以使用不同的方法和方式来确定不同产品和服务的所需数量，例如，零售商在进货时可能会有一份库存计划和控制系统，以便确定进什么，进多少。

1.3.3 正确的地点

正确的地点是指交货地点应该符合规定的交货要求。交货要求必须在采购文件中详细说明，包括：

① 确切的交货点（详细邮政地址）。

② 交货地址的联系人。

③ 交货限制条件（对运货车辆的尺寸/重量限制、包装限制）。

④ 运输类型和成本。

⑤ 运输期间损坏的责任和义务。

1.3.4 正确的时间

按时交付是采购与供应的一个主要目标。延迟交付会带来生产线停工的危险，或者耽误项目的运行。

（1）规定前置期

前置期可以有不同的定义：

1）内部前置期，是指从确定产品或服务需求到发出完整的采购订单所占用的时间。

2）外部前置期，是指从供应商收到采购订单到完成采购订单（通常是指交付产品或服务）所占用的时间。

3）总前置期，是指从确定产品或服务需求到供应商完成采购订单所占用的时间。它是内部前置期和外部前置期的总和，再加上从购买者发出采购订单到供应商收到采购订单之间的时间。

（2）催交

如果按时交付很重要，采购方应催交订单，即跟踪供应商。采购方可以要求应商提供一份说明何时完成主要活动的生产计划，以确定哪些活动要催交。供应商可以通过电话、信函或访问等形式进行。

1.3.5 正确的价格

以合理的价格采购各种必需的产品和服务是采购管理的关键目标。价格和成本是不同的术语。采购方通常仅关注采购价格，但现在正逐渐转向整体成本，即包括与成品或服务有关的所有成本。

（1）采购成本

了解价格和成本的不同含义是很重要的。采购成本包括的内容如图 1.3 所示。

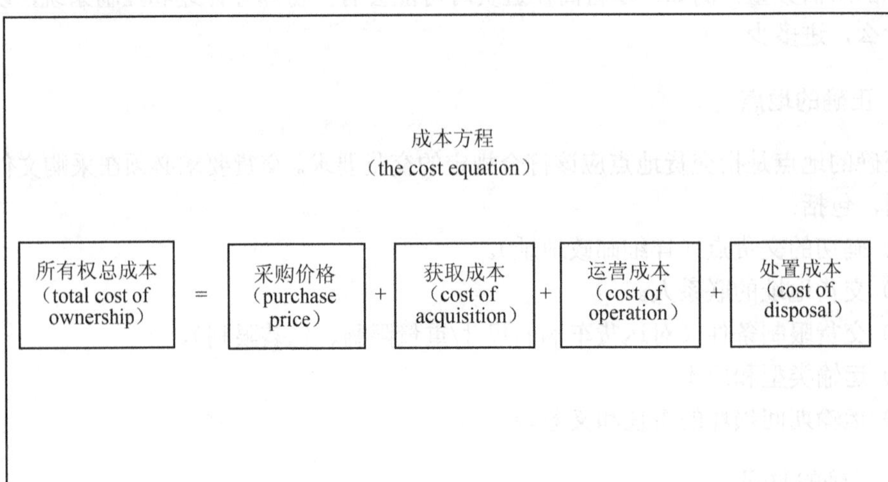

图 1.3　所有权成本的构成

1）所有权成本：包括采购产品或服务的购买企业的所有成本。

2）采购价格：经提供产品或服务的供应商同意的价格，包括所有交付安排。

3）获取成本：指与获得产品或服务有关的成本，包括确定规格的成本、招标过程的成本、供应商访问成本等。

4）运营成本：包括诸如电费或经营所需其他公用设施费用，外加维护、零部件、修理等费用。

5）处置成本：包括与处理产品或停止服务有关的所有成本。

（2）采购价格

区分供应商成本和采购价格也是很重要的。供应商成本是指提供产品或服务的成本。它包括原材料、劳动力和一般管理费用分摊等成本。将供应商的利润加上供应商成本就得出采购价格，如图 1.4 所示。

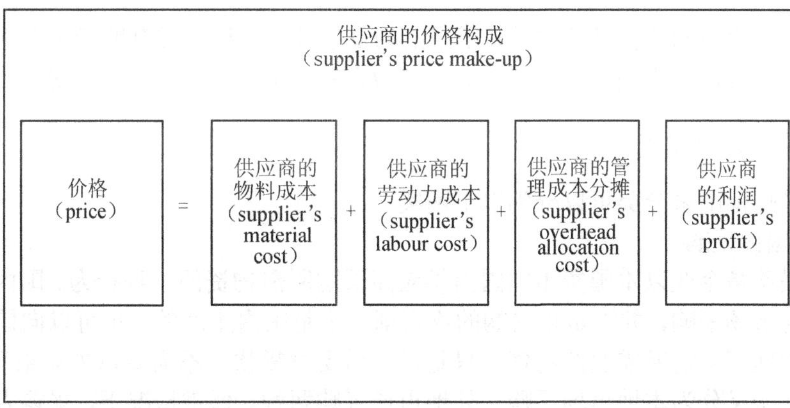

图 1.4　采购价格的构成

（3）影响定价决策的因素

各种各样的因素将影响供应商的定价决策，主要因素包括：

1）生产成本。包括原材料、劳动力以及间接费用摊派等成本。

2）市场情况。如果需求超过了市场供应能力，那么价格将上升，反之亦然。

3）客户的业务对供应商的吸引程度。如果客户的采购是低值的、不经常的并且客户总是延迟付款，那么供应商就会定价较高；如果客户能带来潜在的显著的销售额增长，或者有及时付款的良好信誉，那么供应商就可以定价较低。

小　结

本节介绍了采购的五个正确，即以正确的价格采购具有正确的质量及正确的数量的产品和服务，并在正确的时间交付到正确的地点。

相关作业

解释采购的“五个正确”。

1.4 采购的分类

必备的理论知识

采购可以用不同的标准分类，基于采购的复杂性，这种分类有助于企业根据每一种采购的特点，合理选择采购方式。采购可以根据不同的分类方法来进行分类。

1.4.1 按采购范围分类

按照采购范围来分类可以分为以下两类:

（1）国内采购

国内采购是企业以本国货币向国内供应商采购所需物资的一种行为。国内采购主要是指在国内市场采购，并不是指采购的物资都一定是国内生产的，也可以向国外企业设在国内的代理商采购所需要的物资，只是以本币支付货款，不需要以外汇结算。

国内采购又分为本地市场采购和外地市场采购两种。通常情况下，采购人员应该先考虑在本地市场采购，这样可以减少运输费用、节省采购成本、节约时间，同时保障供应；在本地市场不能满足需要时，再考虑从外地市场采购。

（2）国外采购

国外采购又称国际采购或全球采购，主要是指国内采购企业，直接向国外厂商采购所需要物资的一种行为。

1.4.2 按采购时间分类

按照采购时间分类可以分为以下两类:

（1）长期合同采购

长期合同采购是指采购商和供应商通过合同，建立稳定的双方交易关系，合同期一般在一年以上。在合同期内，采购方承诺应该在供应方采购其所需要的产品，供应方承诺保证采购方数量、品种、规格、型号等方面的需要。

（2）短期合同采购

短期合同采购是指采购商和供应商通过合同，实现一次交易，以满足生产经营活动的需要。短期合同采购中，买卖双方的关系不稳定，采购产品的数量价格可以随现实情况相应调整，对采购方来讲具有较大的灵活性。但由于这种不稳定性，也将出现价格洽谈、交易以及服务等方面的不足。短期合同采购一般适合于非经常消耗物品、价格波动较大物品和质量不稳定的物品。

1.4.3 按采购主体分类

按照采购主体来分类可以分为以下三类：

（1）个人采购

个人采购是指消费者为满足自身需要而发生的购买消费品的行为。购买对象主要为生活资料，如家用电器和生活必需品等。购买过程相对比较简单。

（2）企业采购

企业采购是企业为了实现自己的经营目标而发生的采购行为。企业采购一般分为生产企业采购和流通企业采购。

生产企业采购是为了生产而进行的采购，采购对象以生产资料为主；流通企业采购是为了销售而采购，采购对象主要为一般生活资料。本书主要是针对企业采购来展开论述的。

（3）政府采购

政府采购是以政府为采购主体进行的不以营利为目的的采购活动。我国 2002 年 6 月 29 日新颁布的《中华人民共和国政府采购法》中对采购作了如下定义："政府采购，是指各级国家机关、事业单位和团体组织，使用财政性资金采购依法制定的集中采购目录以内的或者采购限额标准以上的货物、工程和服务的行为。"政府采购不仅是指具体的采购过程，而且是采购政策、采购程序、采购过程以及采购管理的总称，是一种对公共采购管理的制度规定。同时，政府采购也会作为国家的一种宏观调控的手段，对国家宏观经济的运行产生影响。

1.4.4 按采购制度分类

按照采购制度来分类可以分为以下三类：

（1）集中采购

集中采购是指企业把采购工作集中到一个部门管理，最极端的情况是，总公司各部门、分公司以及各个分厂均没有采购权责。

1）集中采购具有以下优点：

① 可以使采购数量增加，提高与卖方的谈判力度，比较容易获得价格折扣和良好的服务。这一点很好理解，如果各分公司都可以单独采购同种物品的话，必然不会有很大的采购规模，就不会得到供应商的重视和优惠。

② 由于只有一个采购部门，采购方针比较容易统一实施，采购物料也可以统筹安排，也就是说可以协调企业内部的各种情况制定比较合理的采购方针，权力越分散，不

一致发生的可能性就越大。

③ 采购功能集中，精简了人力，便于培养和训练，提高了工作的专业化程度，有利于提高采购绩效，降低采购成本。

④ 可以综合利用各种信息，形成信息优势，为企业经营活动提供信息源。

⑤ 对于供应商而言，这也可以推动其有效管理，他们不必同时与公司内的几个人打交道，而只需和采购经理打交道。

2）集中采购的缺点包括：

① 采购流程过长、时效性差，难以适应零星采购、地域采购以及紧急状况采购的需要。

② 采购与需求单位分离开来，有时可能难以准确了解内部需求，从而在一定程度上降低了采购绩效。

3）值得一提的是，集中采购虽然有一定缺点，但在一些情况下集中采购仍然是一种很好的选择。集中采购的适用情况有以下两种情况：

① 企业产销规模不大，采购量均匀，只要一个采购部门就可以完成全部工作。

② 企业各部门及工厂集中一处，采购工作并没有因地制宜的必要，也就是说不存在地域性采购。或者采购与需求虽然不在一个部门，但信息交流方便，也可以采用集中采购。

（2）分散采购

分散采购是指企业将采购工作分散给各个需用部门自行办理。分散采购通常对企业规模大，部门分散在较广区域的公司比较有用。因为对这类公司，集中采购容易产生延迟，并且不容易应付紧急需要，而且使用部门和采购部门之间的联系也不方便，若实行分散采购可以较好地克服这些缺点。

（3）混合采购

对于一些大的公司，各分公司可能会对同种零部件产生需求，也可能存在地域性需求，那么单独采用集中采购方式或单独采用分散采购方式都是不太可取的。混合采购汇集了集中采购和分散采购的优点，可以视具体情况看适合采用哪种情况。例如，对共同性物料和采购金额大的物料，集中在总公司办理；小额、临时性的采购，可以授权分公司和各工厂执行。

1.4.5 按采购输出结果分类

按照采购的内容，即它的输出结果分类，我们可以把采购分为以下两类：

1）有形采购。输出的结果是有形的物品，或是参与某个系统运行的组成部分。如一台电脑、一台电视机，都是看得见、摸得着的东西，像这种商品的采购我们称其为有形采购。

2）无形采购。另一类采购输出的结果是无形的，如一项服务、一个软件、一项技术、保险及工程发包等，我们称之为“无形采购”。无形采购主要是咨询服务采购和技术采购，或是采购设备时附带的服务。

将采购的分类归纳如表 1.2 所示。

表 1.2 采购分类

分类标志	分 类
采购范围	国内采购和国外采购
采购时间	长期合同采购和短期合同采购
采购主体	个人采购、企业采购和政府采购
采购制度	集中采购、分散采购和混合采购
采购输出结果	有形采购和无形采购

小 结

本节介绍了采购的五种分类。

相关作业

画表说明采购的分类。

1.5 采购部门

必备的理论知识

1.5.1 采购部门在企业中的隶属关系

采购部门在企业中的隶属关系，即采购部门究竟隶属于企业中的哪个层级，要视具体的情况来定。

1. 采购部门隶属于生产副总经理

如图 1.5 所示，采购部门隶属于生产副总经理，其主要职责是协助生产工作顺利运行。因此，采购工作的重点，是提高足够数量的物料以满足生产上的需求，至于议价的功能则退居次要地位。图中又显示生产管制、仓储工作等另归其他平行单位管辖，并未归入采购部门的职务中。总之，将采购隶属于生产部，比较适合“生产导向”的企业，其采购功能比较单纯，而且物料价格也比较稳定。

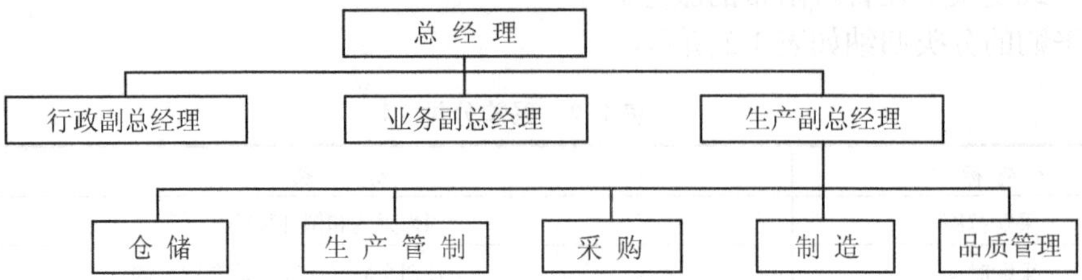

图 1.5　采购部门隶属于生产副总经理

2. 采购部门隶属于行政副总经理

如图 1.6 所示，采购部门隶属于行政副总经理，采购部门的主要职责是获得较佳的价格和付款方式，以达到财务上的目标。虽然有时采购部门为了取得较好的交易条件，难免会延误了生产部门用料的时机，或购入品质不尽理想的物料，但采购部门独立于生产部门之外，能产生单位间制衡作用，并发挥议价的功能。因此，当生产规模庞大、物料种类繁多、价格经常需要调整、采购工作必须兼顾整体企业产销利益均衡时，将采购部门隶属于行政副总经理就比较合适。

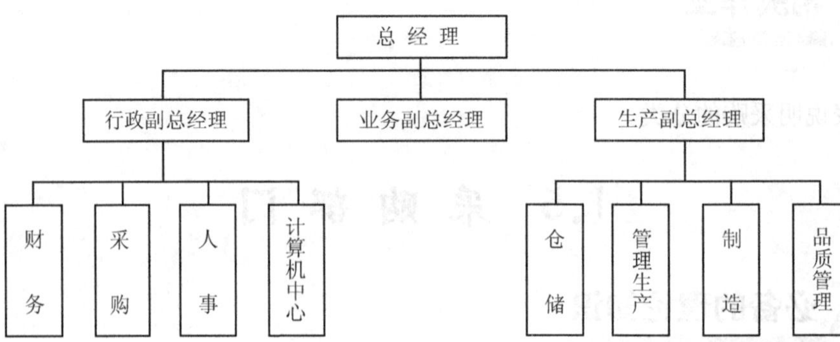

图 1.6　采购部门隶属于行政副总经理

3. 采购部门直接隶属于总经理

如图 1.7 所示，采购部门直接隶属于总经理，提升了采购的地位与执行能力。此时，采购部门的主要功能，在于发挥降低成本的作用，使得采购部门成为企业创造利润的另一种来源。这种类型的采购部门比较适合于生产规模不大，但物料或商品在制造成本或销货成本中所占的比率比较高的企业。采购部门隶属于高级管理层，使它们扮演直线功能而非参谋功能的角色。

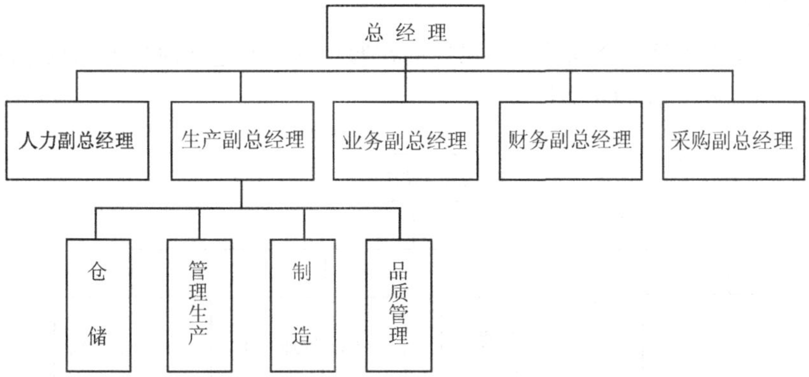

图 1.7　采购部门隶属于总经理

4. 采购部门隶属于资材部副总经理

如图 1.8 所示，采购部门是向资材部（或物料管理部）副总经理负责，其主要的功能在于配合生产制造与仓储部门，达成物料整体的补给作业。无法特别凸显采购的角色与职责，甚至可能降为附属地位。

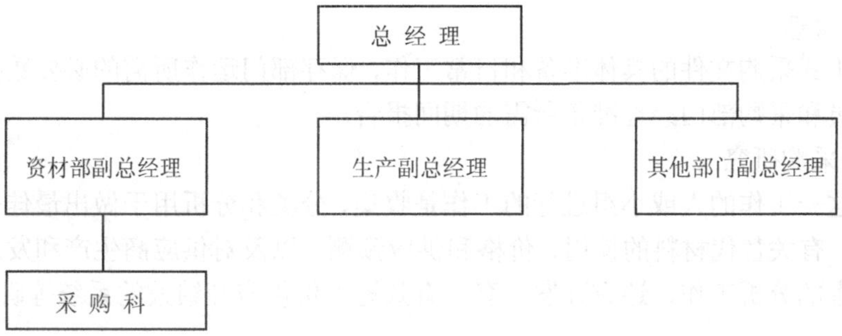

图 1.8　采购部门隶属于资材部副总经理

1.5.2　采购部门内部的专业分工

在一个采购部门内部，全部职能也常常是基于进一步的分工和由于分工而导致的专业技能的发展而组织的。在一个较大的采购组织中，通常的职能分工表现为图 1.9 所示的四种主要活动。

（1）采购和谈判

这项工作是确定可能的供应商、分析供应商的能力、选择供应商以及确定与供应商所签合同中的价格、条款和条件。

（2）跟踪和催货

这项工作是负责采购合同并跟踪供应商在履行其在发送和质量方面承诺的情况，这样可以避免任何突发事件的发生。

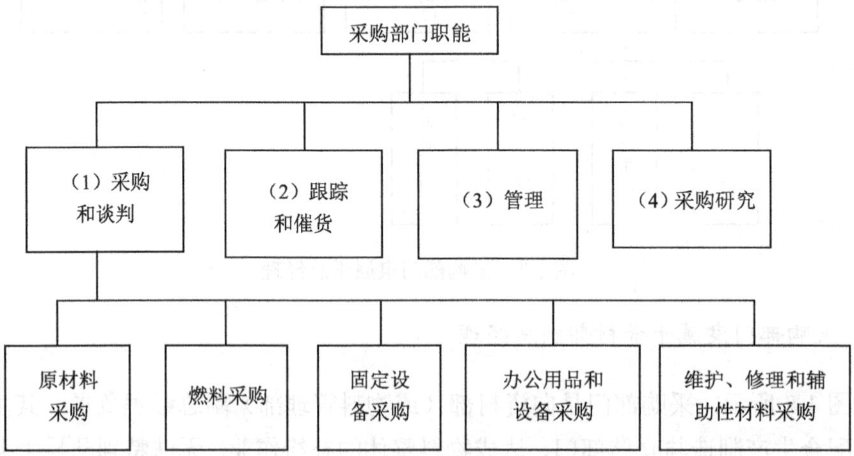

图 1.9　典型的大型采购部门的组织结构

（3）管理

处理正式采购文件的具体准备和日常工作，保存部门运作所需的必要数据以及为高层管理人员和采购部门经理准备所需的期间报告。

（4）采购研究

负责这一工作的人或小组进行的工作是收集、分类和分析用于做出最佳采购决策所需的数量、有关替代材料的使用、价格和供应预测，以及对供应商生产和发送一批材料的必要成本的分析工作，还有开发一套更有效地评价供应商绩效的系统等研究工作。

小　结

本节介绍了不同采购部门的隶属关系以及采购部门的内部分工。

相关作业

画图说明采购部门的内部分工。

1.6 采购道德规范

必备的理论知识

1.6.1 道德规范的概念

道德是指与诚实、正直、正确的行为准则和标准有关的行为规范。按照道德规范行事，将使你受到交易对方的个人和或组织的信任和敬佩，建立在这种信任基础上的关系将比没有这种信任的关系具有较高的价值。

下面我们将研究道德行为的各个不同方面，并且指出如何能够最大限度地降低不道德行为出现的机会，为此，采购与供应职能应该建立政策条款以指导人们的行为。

（1）利益冲突

1）采购人员应该说明任何利益方面的冲突，包括：

① 供应商是交往密切的朋友或亲戚。

② 持有供应商“非平常的股权”。

2）在长期的正常业务交往中，与供应商的销售人员建立个人关系非常普遍，与没有牢固的个人关系支持的供应商相比，彼此了解将有助于得到卓越的供应商并获得供应商的迅速响应。然而，必须要十分谨慎地处理这种关系。无论有没有个人关系，都应该客观地对待供应商。

3）任何利益上的潜在冲突都应该与管理层讨论，当管理层认为冲突存在，他们将要求其他采购人员处理与这些特殊的购买问题或供应商问题。

（2）商务礼品与宴请

1）除了价值非常小的物品，如日记本或年历册等，一般的商务礼品不应该接受。适度的宴请（如工作午餐）是业务交往中公认的礼节。然而，接受者不应该让对方或其他人认为，接受这种邀请会影响或改变他将要做出的业务决策。

2）可接受的宴请档次与频率不应超过买方公司可能提供回报的程度。

3）当决定什么礼品或邀请可以接受，什么不可接受发生困难时，应该向管理层汇报并征求经理的意见。任何贵重礼品或邀请都应该向经理汇报。

（3）与供应商交易

在实践中，当与供应商交易时购买者应该保持公正。

知识链接

购买者应该公正

1）购买者应该尊重供应商提供信息的机密性，例如，投标信息应被视为机密并且使其安全性受到保护。当披露某条信息被认为是合理的时候，除非得到供应商的同意，否则不应牵连供应商。

2）购买者不应误导供应商。

3）购买者不应该进行“幕后竞价”（例如，购买者将供应商的X的价格透露给供应商Y以促使供应商Y压低价格，然后又将供应商Y压低后的价格透露给供应商X，等等）。

4）购买者不应该对供应商施加不公平的压力。

5）选择特定供应商参与报价或竞标的有关标准应该具有透明度。

6）用于评价投标的标准应该具有透明度。

7）供应商的选择以及如何根据标准进行评价的过程都应该具有透明度。

8）所有供应商都应该得到平等的对待。例如，在邀请投标或报价时提供给任何一个供应商的额外信息，也应该提供给所有其他的供应商。

1.6.2 采购制度和程序

在实际运作中，可以设计各种制度和程序，以避免或防止不道德行为的发生。

如果由同一个人来负责某些职责，就可能产生不道德的行为。例如，如果由同一个人独自负责订购、接收和批准向供应商付款，那么就有滥用职权的可能。这种体制就容许了个人与供应商一起夸大价格或数量，也没有其他人去检查在支付供应商之前价格是否切合实际，或者交付的数量与订购的数量一样。

为了把不道德行为的可能性降到最低，应该把订购、接收和批准付款的职责分离开，即由不同的人员来执行。更进一步的安全措施是职责轮换，定期由不同的人员来执行特定的职责。

除了设计制度和程序来把不道德行为的风险降到最低之外，组织还应该有一套审计制度，检查是否正确运用了制度和程序。

知识链接

国际采购与物料管理联盟

国际采购与物料管理联盟是一家采购与供应专业领域内、世界范围的联合组织，它已经建立了一个能够为所有的采购与供应人员提供参考的道德章程。

国际采购与材料管理联盟（IFPMM）道德章程

一、规则

成员不应该利用权利或职务为个人谋取利益，并通过下列方式寻求支持或提高采购与物料管理的职业标准：

A. 无论在组织内部或外部的所有业务活动关系中保持无懈可击的诚实标准。

B. 对于所负责人员培养他们达到专业能力的最高标准。

C. 在他们职权范围内实现资源利用的最优化并为顾主提供利益最大化。

D. 严格遵守下述规定：

- 所在国家的各项法律。
- 联盟在各个时期颁布的专业活动“指导手册”，如下面简要介绍的。
- 合同义务。

E. 拒绝并谴责一切不正当的业务行为。

二、指南

应用上述规则，成员应该遵守下述条例：

A. 声明利益：任何个人的利益将与公正地履行职责发生冲突或在其他人看来有理由认为是这样时，应向顾主声明。

B. 机密性与准确的信息：在履行职责时必须尊重信息的机密性，并且不应将其用于个人目的。在履行职责时提供的信息应该真实清楚并且不会产生误导。

C. 竞争：当认为与特定的供应商维持长期的关系对顾主有利的时候，任何在长期内将阻碍公平竞争的安排都应该避免。

D. 业务礼品：为了保持个人与企业的形象，业务礼品应该不予鼓励，礼品除了价值较低的外不应接受。

E. 宴请：适当的宴请是商务交往中公认的礼仪。然而接受者不应使自己处于影响正常决策的地位或被他人认为会是这样。应该接受的宴请的规模和次数应该明显地不超过接受者顾主的标准，以保证报销单得到批准。

F. 建议：当决定是否接受礼品或宴请发生困难时，应该向上级主管汇报或征求。

小　结

本节介绍了道德规范的概念、在实际采购运作中的各种制度和程序。

相关作业

描述采购运作中应遵守的制度和程序。

本 章 小 结

采购与供应是一个非常广阔的学习领域，由多个不同的学习科目组成。采购与供应的职能作用，即满足组织内部不能或不愿意提供的产品或服务的需求，为了达到这一目的，采购工作必须正确确定需求，并在此基础上，进行计划并实施，最终满足企业的需求。

本章介绍了采购的基本知识，通过本章的学习，使我们对采购、采购管理的基本概念，采购周期，采购的目标，采购部门，采购的职业道德等基本内容有了一个较全面的了解。

案 例 分 析

美国本田公司

粗略一看，美国本田在产品开发、维持供应基地和管理采购职能方面所做的，似乎与其他大多数汽车制造商没什么不同。但结果是，本田取得的成绩往往更为卓越。如在1996年，本田从北美出口的汽车连续三年多于其他制造商。同年，本田在美国的零售多于其他汽车，创造了空前的销售纪录。过去 18 年中，在顾客忠诚度方面，本田公司一直排名第一。

是什么让本田如此与众不同呢？前任美国本田高级副总裁戴夫·纳尔逊，公司董事会中唯一的一个非日本人，做出这样的简单回答："一切始于我们的哲学理念。"这不仅仅是冠冕堂皇的应酬话，而是的确如此。40 多年前本田宗一郎创立公司时就作为基础的基本哲学理念，至今还在继续使用并被发扬光大，它引导着公司各个层次的每个决策和行动。

赖里·朱特，本田引擎工厂的生产经理，可以对本田的哲学理念引经据典："我们怎么会取得更好成绩呢？这必须回到我们的基本哲学理念上，关注顾客，富于创造性，尊重新观点，热爱工作，明白变化是一件好事。"

1．理念付诸于行动

想知道本田人是如何深入地综合创始人的哲学理念，没有比看本田采购的基础"圣经”——《基石》更好的了。其第一章的全部内容，就是解释本田的哲学理念，而其余章节则讲述如何将所有的哲学理念转换成指导采购职能的可操作性观点。

本田哲学形成于 1954 年，始自本田先生将他提出的“挑战性精神”概念设定为公司原则，即“保持国际化观点，我们要努力在合理的价格水平上提供高效率的产品，以满足世界各地顾客的要求。”在这个原则基础上，本田在每个主要市场上发展了自己的独立地位，将销售、产品、开发和运作进行本土化，使之与每一个地区的当地顾客、期望和能力相一致，以此寻求一致的顾客满意。

虽然本田通过理解和融入周边环境的文化来实现本土化，但不管在什么地方，公司的管理政策仍保持着同一性。就像《基石》这份文件所强调的，本田先生提出的挑战性精神的主旨，是公司对人的尊重，这一点在本田的管理政策上得到充分的体现：

① 总是充满壮志与朝气地前进。

② 尊重正确的理论，发展新的观点，并最大效率地利用这些理论和观点。

③ 热爱你的工作，经常活跃你的工作氛围。

④ 不断地为和谐的工作流程而努力。

⑤ 注意研究和努力的价值。

2．关于“三”的理念

本田哲学理念的两点高度概括：“三快乐”和“三现实”。

1）三快乐。该理念就是，每一个和公司有关系的人——顾客、员工或供应商——都应享受这一经历。购买本田产品的顾客，应享受拥有的满足；销售本田产品的经销商，应享受带给顾客满意的过程；而生产能带给顾客及经销商满意的产品的本田公司，则应该从这样的生产中获得同样的快乐。

2）三现实。也常被提作日本短语“三元主义”，这“三现实”指的是实际的地点、实际的部件和实际的情形。简而言之，该理念意味着“要到实际地点”，就是采取行动的地方，如到供应商的工厂去解决质量问题。全面了解现实情形的方方面面，有助于我们得到更透彻地理解和做出更好的决定。

这样的陈述对持有怀疑态度的局外人来说也许是过于简单了，但戴夫·纳尔逊坚决地为其现实适用性作辩护。“一些人也许认为我们太学究了，但实际上我们的哲学理念就是我们的长期计划，我们知道我们的方向在哪里。”

更仔细地观察本田的采购职能和业务实践，我们将会更清楚地了解本田和其员工是怎样把他们的哲学思维转变成为具体的实际行动的。

3．取得平衡

当与我们的协调寻源模型进行比较时，本田的采购方式是安排得很好的。在不同程度的发展水平上，所有的六种能力都已经融入公司的日常采购实践中。而其中的三种则发展得尤为突出，它们是：建立总成本模型、建立和维护与供应商的关系、影响供应商的创新。

一个关于本田人是如何掌握这三种能力的测试，清楚地体现了公司的哲学理念基础：

① 本田对自己和对供应商的高期望。

② 愿意运用任何对完成工作是必要的资源。

③ 合作。

④ 不放过任何细节。

4．建立总成本模型

本田对成本建模的关注开始于其对成本管理的高度期望。戴夫·纳尔逊举过一个有趣的例子："假设有人在三年前采购时说：我们必须从1998Accord车型中减少30%的成本。这看起来是不可能的。"

约翰·米勒，本田工厂东部自由区的高级采购经理，一边回想着通过深挖成本细节，采购是如何应对挑战的往事，一边解释说："我们首先定下最终销售价格，然后扣除利润，得到的结果就应该是成本。接着分析这些成本到各个部件，如汽车底盘、引擎等，然后为每个地区及每个部件设定目标。因此，我们实际上是先把蛋糕切开，然后再对每一块进行剖析。"

除了对成本的高度重视，俄亥俄州马瑞斯维尔工厂的高级采购经理约翰·库普还认真地强调了本田的顾客满意至上的哲学理念："我们制造高质量的汽车，因而我们能维持高水平的顾客忠诚度和转售价值。当我们谈到降低成本时，并不是说仅仅成本下降30%。我们知道，为了给1998年的车型增加新的性能，并达到维持不变价格的目标，我们必须附加价值，而并非提高车的价格。"

与其所设立的高度预期相一致，本田慎重而详细的成本建模过程，需要公司采购部员工和供应商们有纪律和严肃认真的态度。米勒说："实际上，我们花一定时间来划分组成成本的各个部分。"

美国本田研究发展部的总工程师查尔斯·贝克认为："我们需要知道供应商的成本结构是怎样的，通过分析他们的制造过程来测算他们的成本，从而估计我们自己的成本应该是多少。有时候，我们比卖者更清楚他们的成本结构，那么我们就能计算出一个世界级供应商的成本是多少，同时这也是我们的目标。"

本田对供应商坦诚、开放式的沟通和配合协作的哲学理念，还扩展到彼此共享成本模拟数据。"我们让供应商知道我们得出这些成本的逻辑，他们也会告诉我们他们的逻辑。"米勒说。这样的合作方式确保了目标的实现——也是世界级的。据马瑞斯维尔工厂的采购经理里克·梅佑介绍："最初的成本让我们开始可以协商各种构成成本的因素，我们知道那是如何实现的，但供应商也许会掌握我们所不知道的新技术或独特技术。"

如果成本协商不能顺利进行，本田会派工程师去帮助供应商找出能达到成本目标的、同时又能维持满意的利润水平的方法。但如果本田的目标超出标准呢？“我们会做出更改，”戴夫·纳尔逊说，“最坏的事情是我们不愿意承认犯了错误。”

本田的成本建模过程并不只是简单地确定某一部分的成本，它还综合考虑了所有会影响总成本的因素。里克·梅佑解释到：“我们知道成本的每个构成部分。在过去，销售、生产、采购和设计不能密切合作，而目前我们已经意识到，为使顾客始终是我们考虑的核心，所有方面必须紧密协调。”

据里克·梅佑看，有着无限前景的本田，其慎重的成本模拟过程直接来源于公司“三元主义”的哲学理念——实际的地点、实际的部件和实际的情形。“它是使我们的采购功能与众不同的另一个方面。我们身处工厂，每天和生产打交道。我们看得出问题，也明白问题是什么。我们知道成本意味着什么。”

“如果我们要对车进行某种改进，我们必须到工厂，并看车是如何完成的，”约翰·米勒补充说，“如果不这样的话，我们也许会以为在部件成本上能节省 100 万美元，而接着在生产过程中却要用 200 万美元来完成。”

本田之所以能逐渐在大型部件上建立起自己的一套有组织而精确的成本模拟能力，很大程度是因为本田愿意运用完成工作所要求的各种资源。本田很早就有一个由大约 24 个具有专业产品知识的买家所组成的核心“成本研究”小组，他们与供应商合作，以开发精密的成本模型。在过去的几十年里，这些专业知识已经形成了任何人都能快捷简便地用来确定某部分关键成本因素的成本表格。现在，成本模拟不仅已成为一种个人的专业技能，而且还发展成为贯穿公司上下的一种组织能力。

5. 建立并维持与供应商的关系

美国本田在北美已经发展起一个有 400 多家供应商的网络，仅在俄亥俄州就有 180 家。正如本田的“你在哪里生产，就在哪里购买”的哲学理念，这些公司供应了超过 80% 的用于汽车、摩托车和引擎的部件及材料，还有公司所生产的部件。本田要确保每一个供应商都和公司的哲学理念要完全保持一致。

值得一提的是，许多本田供应商的发展计划和活动，如供应商奖励计划或供应商激励，与其他大多数汽车制造商的非常相似。但前任高级副总裁戴夫·纳尔逊认为，其间的差别在于本田将多少时间、金钱和努力投资在建立和维护与供应商之间的关系上。“在选择供应商时，我们希望能和他们长年合作”他说，“其他公司并没有把适当的资源放在和供应商的发展上，所以他们的计划没有成功。而只有赢得供应商的心才能与他们一起获得成功。”

与供应商共获成功正是本田的供应商发展计划的目标，这在为生产改进所设定的高度预期中可见一斑。纳尔逊解释说：“当我们着手帮助一个供应商时，我们会设定一个总体目标，即生产率的 100%提高，所谓生产率就是指每个工人每小时工作量。”实际上，这种“帮助”就是由本田员工设计并领导的、完全图表化的、为期13周的一个计划。

“我们首先尝试确认能造成很大影响的方法，”纳尔逊说，“这就像做大扫除，买灯、摆放到特别的地方等。”当然，这是对“活跃工作氛围”哲学理念的自然引申。供应商的伙伴们马上可以看到进展。几乎在所有情况下，无需鼓励，工厂中的每个人都会问：你什么时候才开始改变我这里呢？“他们称它为本田着陆。然后每个人都在微笑。”

纳尔逊说这个13周的计划，同时也重视把供应商的伙伴直接拉入进来，“我们尝试采纳由他们首先提出观点，立刻付诸行动，以便让他们能够马上看到。这样，他们就会开始为这个计划的成功而努力，因为这也是他们的计划。”

在一个供应商发展的例子中，本田对一个重要的提供压制部件和焊接组件的供应商，运用了商业伙伴（BP）过程。本田帮助其重新设计了制作B柱的工作单元，这是一种前后门之间连接车顶和底盘的压制过的金属部件。本田建议使用固定位置的熔焊台，只需用简单的拣起放下式机器人在工作台之间移动部件即可，而无需让精密复杂的熔焊机器人围着部件转。这个新的单元设计使产量翻番，从每小时生产63个部件增加到每小时125个。同时，由于焊枪的固定降低了损耗，减少了焊接点的撕裂，因此它们的使用寿命也从50 000个焊接点上升到250 000个。

与本田关注细节和重视业绩测度相一致，本田在每一次的努力之后，都采用一个综合性的项目评估。纳尔逊说：“我们一直喜欢收集数据，用它们来设定新目标和测度未来的成功。在早期与供应商的关系中，我们能改善生产率100%，即使是更艰难的计划，我们也能至少提高50%。请你想想看，50%的提高是多么的出色。”

BP发展过程反映出本田以有组织的、制度化的方法不断地改善其供应商。但公司还表明，如果有需要，本田随时愿意动用重要资源来解决特别的问题。

俄亥俄州工厂经理拉里·朱特，用了一个通俗的类比来说明本田如何致力于供应商发展。“一旦有发生严重问题的可能，我们就会竭尽所能调配资源来帮助供应商。就好像在农场区中，只要一个谷仓着火，整个区的人都会赶来。没有人会问，你会付钱给我或有什么回报吗？每个人都会赶来。这就是我们的工作方式。我们从不计较我们将如何从中得到回报，这简单得根本无需讨论。”

例如，一个资信很好的供应商意外地出现了质量和交付问题，本田就会派遣公司内部的专家去了解情况。问题出在哪里？为了满足本田对部件的要求，供应商只好在短时间内被迫增加一倍的劳动力。但不幸的是，供应商缺乏对较大型经营的先进管理能力。结果是，本田安排了自己的四个员工到供应商公司生活工作了10个月，来帮助重组并构建供应商公司的能力，使之达到本田的要求。

戴夫·纳尔逊很快就指出，即使成本对本田来说是至关重要的，公司对供应商的帮助也不是完全利他的。“我们当然不会向供应商收取任何费用。这也是一种自我服务。确保我们长期保持与这个供应商的关系，对我们双方都有很多好处。”供应商理解也赞赏本田的这种长期行为，而且这也增加了供应商们投资本田的意愿。

本田建立并维护与供应商关系的方法，远远不止提高生产率计划却解决实际问题这样简单。合作关系的定义是，需要清晰地表达相互了解的期望、绩效测量、对细节的关注及不时进行沟通的双向道路。

拉里·朱特又用了另一个简单类比："一旦供应商成为家庭的一部分，对双方关系的期望进行讨论就是开诚布公的。比方说，如果我每年只与我的儿子或女儿就做个好孩子问题谈一次话，我也就不会看到孩子们有什么好的表现。但经常的交流和反馈却能保证我的孩子在做正确的事情。"

"与供应商也是一样的。你不能一年只写一次备忘录，你必须带着生产力、交付和质量方面明确的目标经常地与之沟通。我们要非常密切地监督这三方面，决不能模棱两可。如果没有明确地给我们的工作方向定位，我们就不可能获得同样的成果。"

"我对供应商的态度是：给我机会对你说，你做得很好。跟承认和改正不好的工作表现一样，奖励好的工作表现也是很重要的。我们的态度不是因为我不相信你，所以我要监视你。而是因为一起工作对双方有益。如果我们能监察我们的控制点，并公开地讨论我们的工作绩效，我们就能更快地实现我们的目标。"

6．利用供应商进行创新

为利用供应商在研究和发展项目上的能力和技术，本田开发出一个名为"参与设计"的机制，直接把重点集中在供应商的早期参与上。在一个新项目的最初期，本田会从外部供应商中"邀请"嘉宾设计师，每次100个之多，让他们实际地身处本田的设备旁，同在职工程师、设计师及技术人员们一起并肩工作。

查尔斯·贝克相信，这个机制对保证本田成功地将最好的思想和最新的技术融入产品中去是有决定性意义的。他说："我们对建立合作关系的重视，要求当我们还处在机车规划阶段时，在项目一开始就需要有外部设计师的投入。通过这些供应商很早地参与，我们可以得到他们的最新技术，并且保证将它运用整合到我们的汽车之上。"

在主要的战略系统上，科技在发展、隐含成本很大，本田因此建立起技术路线图，并和供应商一起予以使用。贝克说："我们用技术路线图向我们的重要供应商展示我们的前进方向，也希望它们协助我们。我们对重点的、预定目标的项目管理寄以重望。因为我们的发展时间表很紧，我们希望供应商能让我们使用他们的最新技术，并跟上我们的步伐，共同把最终产品推向市场。"贝克还重申了本田的核心重点在于消费者，"我们是一个生产组织，我们致力于为消费者提供更好的产品。与那些把产品发展作为战略过程的供应商及那些以科技开发为目标，并能与我们同步运用这些科技的供应商，我们会一起合作得很好。"

本田同样在新产品开发阶段降低成本上利用供应商方面相当成功。1998Accord车的令人瞩目的成本降低的目标，是本田在创新中利用供应商合作的一个很好的例子。戴夫·纳尔逊回忆到："当时我们做的第一件事情，就是列出一个能降低1998Accord成本的各种方法的大型清单。事实上，其中大多数的方法是来自于我们的供应商与采购和工程部门的合作中。我们对每一条进行研究，并按它们成功的可能性机率来排列它们，然后开始将工作着重于如何发展它们。”

绝大部分削减成本的努力放在了新模型的设计方面。供应商在这方面同样发挥了主要作用。“我们把竞争对手的汽车分拆开”约翰·米勒说，“让供应商告诉我们他们所生产的每个部件的情况，哪些比我们好，哪些不如我们，哪些成本高，哪些成本低。两年时间里我们经常在美国和日本做这样的工作。”

在1994年车型投入市场时，本田已经决定了1998年车型应该是怎样的，成本和价格应该是多少。

本田在为供应商设定高期望和协助供应商实现这些预期上所取得的成功，使公司的采购功能赢得了全国的尊重和认同。据《采购杂志》刊载：“本田因供应商发展而获得名声和荣誉!共同采购及它为供应商降低成本、提高质量和发展科技而努力的体制，也为本田赢来了专业杰出奖。”

7. 人力投资

事实如此，本田已充分发展了六个协调寻源能力，其中三个还达到了很高水平。但事实表明，本田在成本建模、供应商发展和影响供应商创新方面所作所为的特点，并没有明显不同于其他成功的公司。那为什么本田能取得比别人更好的成果呢?

本田行政人员对这些问题的第一个回答，就是“人”。但是，本田先收获了好果子而其他公司只能捡剩下的这种假设合理吗？一个更理性的解释是，本田的员工和其他公司的员工相比，并无什么例外。只是本田对他们期望更多，而且本田投资于他们，以确保他们为实现高期望而工作。约翰·米勒说：“想在公司得到提升，你必须具有全面的知识和经验。而本田最擅长的正是发掘人才的潜力。他们不会一直把你留在一个你是专家的地方，他们会让你接受挑战，让你觉得有点不舒服。这样你就会更加努力，去发挥出更高水平的。”

本田尊重个人，而不强调等级的差异。从行政到生产线上的每个人，都穿统一的白色制服，在同样的停车场停车，在同一个自助餐馆吃饭，这使本田员工受到很大的激励并更投入于工作。在俄亥俄汽车工厂工作的伊丽莎白·吉博义说：“在本田我每天都受到极大的尊重。当我提出我们的建议和想法时，有人在听。我认为这就是最基本的尊重。”

拉里·朱特认为，本田开放的交流氛围，是每个人都有信心进步并积极贡献力量的主要原因。“不断取得进步的一个强大暗流，就存在于任何人都能对改变一些事情发表己见。”

据在俄亥俄汽车工厂工作的达里尔·霍说，“每天工作在生产线上的伙伴都是一些生产专家。看到一个构想由生产线上的伙伴来实现并在减少成本或提高质量上产生很大的影响是一件令人欣慰的事情。”

但是拉里·朱特指出有另一种个人贡献的观点：“实际上，你不能独占一个构想或保护你所做的事情。你必须要将你的构想与别人共享，以得到改进，使它成为最好的，并建立团队所有权。但是不管怎样，正是我们的雇员产生了一些最好的构想。这就是为什么我要和他们交谈，倾听他们诉说，并把他们的思想灌输到设备、工艺和系统的改进过程中。”

本田还投入资源以保证它的职员获得达到成功所需的培训和发展机会，比如在它的初始“投资”计划中，50位经验丰富的专家从日本被派到美国，把他们的知识和技能传授给美国的同行，与美国同行进行交流，并将技术转让给他们。因为美国本田公司已经培养了它自己的专家队伍，所以大多数原先派到美国去的日本伙伴也回到了日本或本田分布在全世界的其他分公司。

公司严密地保护它的人力资源投资。在美国本田公司的历史上没有解雇过一个职员。

甚至那些已经离开本田另谋高就的职员也得到公司的高度评价。例如，那些离开采购职能部门的人被称为本田的“采购校友”，公司仍努力与他们进行交流，维持友好的关系。而且如果时机和环境合适。甚至有可能重新将他们招回公司。

戴夫·纳尔逊有足够的理由为美国本田公司的卓越成绩感到骄傲。并且有理由对公司的未来充满信心。然而。在对其他美国公司的意愿、设置积极的改进目标与保证供给达到目标所需的资源的决心的评价上，他却比较谨慎。

“我们在北美的大多数大公司具有本田那样降低成本的能力，”他说。“如果我们进行几千亿美元的采购。减少25%~30%的成本是很容易的。这一成本减少机会对任何人应该是个激励，抓住这个机会。并把它整合到他们的公司。只是许多人没有留意这种事情。”

《基石》，作为本田的采购指南，说明其采购哲学所表达的概念和思想看上去像基本的共识。但是对实质性东西和挑战精神的关注是本田不同于其他公司的地方。当然，作为一个哲学理念引导型的公司，本田不同于大多数美国本土公司。将哲学理念付诸行动的能力是差异的根源所在。本田对自己和供应商的高期望，随时运用任何对完成工作是必要资源的意愿，合作的承诺以及不放过任何细节，正是这些哲学理念基础使本田成为极少数能完全接受并应用双赢采购模式的公司之一。

思考与练习

1. 描述采购与供应的“五个正确”。
2. 如何定义质量？
3. 如何定义规格、前置期？
4. 画表说明采购的分类。
5. 采购的职业道德包括哪些内容？

第2章 选择供应商

学习目标

通过本章的学习，学生应该能够解释供应商、供应商管理、供应商审核、供应商考评的概念，描述供应商选择的考虑因素与步骤、供应商审核的检查标准、供应商控制的相关指标与方法，识别供应商与企业的关系类型、供应商的供货能力。

2.1 概 述

案例导入

改变化工企业的供应链

很多化工产品的购买者通过从尽可能少的供应商处购买尽可能多的产品来降低采购成本，同时它们还要求供应链提供多种增值服务。

采购者希望供应商能通过以下方式帮助它们降低成本：

1）使用简化的票据和支付流程，特别是使用电子商务。

2）详细的库存管理。

3）提供增值服务。

必备的理论知识

2.1.1 供应商选择的概念和地位

供应商选择是指搜寻供应源，即对市场上供应商提供的产品进行选择。一个好的供应商可以使企业有高质量的产品、足够的生产能力，较高的市场竞争力和利润。一个企业在市场上的供应商数目越多，供应商的选择就变的越复杂，需要一个规范的程序来操作。

供应商的成功选择是采购成功的一半，采购方通过对供应商管理、督促供应商改进质量，可以达到双赢的目的。

2.1.2 知识储备

1. 选择供应商时应考虑的因素

选择供应商时，有许多因素需要考虑，如质量或服务等，另外，各因素的重要程度因不同企业或同一企业里的不同产品或服务而异。因此企业在供应商选择时，必须为产品或服务要考虑的因素分配权数，然后根据这些权数选择供应商。供应商选择时最基本指标应包括以下几项：

① 技术水平
② 产品质量
③ 供应能力
④ 价格
⑤ 地理位置
⑥ 可靠性
⑦ 售后服务
⑧ 信誉
⑨ 交货准确率
⑩ 应急响应能力
⑪ 结算条件

2. 选择供应商时所使用的方法

选择合适的供应商，需要采用一些科学和严格的方法。常用的方法主要有询价/报价邀请法、公开招标法、限制性/选择性招标法、谈判选择法等。

（1）询价/报价邀请法

在选择供应商与之进行订单或签订合同时，一定要从供应商处获得一些信息，如供应商的资质、产品质量、服务细节、年生产能力、送货的时间地点及价格等。为了从供应商处获得信息，采购方经常会拟定一份“询价/报价单”，这个询价/报价单还可能附有图片、规格或采购者的标准合同等。通过该方法可以选择合适的供应商，该采购程序如图 2.1 所示。

（2）公开招标法

公开招标法是指采购方在媒体（如电台、电视、报纸、杂志等）上公开购买信息，说明要采购物品或项目的交易条件，供应商或承包商在规定的期限内提出报价，经过比较分析后，按既定标准选择最佳的招标人为中标人，并与其签订合同的一种方法。公开招标的目的是选择最好的现金价值——在合适的质量、合适的运送、合适的地点、合适的数量和合适的成本之间取得平衡的招标。招标促进了供应商之间的竞争，确保了采购者的现金价值。该采购程序如图 2.2 所示。

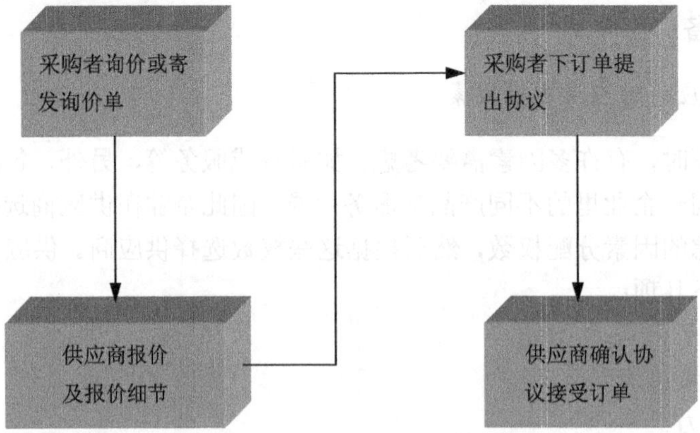

图 2.1　询价/报价邀请法的采购程序

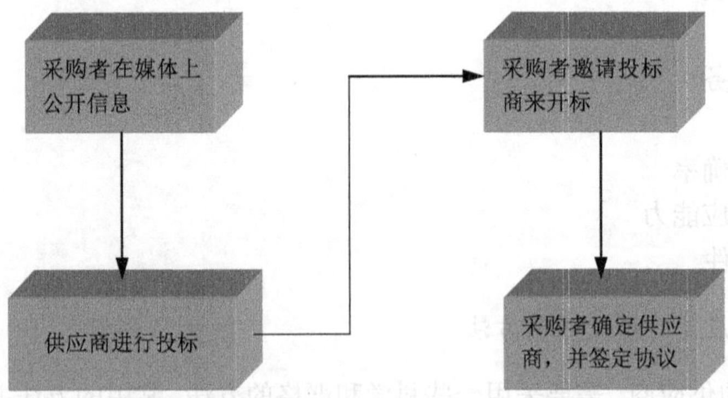

图 2.2　公开招标法的采购程序

在该程序中一定要注意以下几点：

1）所有供应商的邀请必须是一样的，不能对个别供应商或是投标者提供不同的条款或信息。

2）所有的投标在公开前一定要保密。

3）标书要锁起来保管直到打开标书的时间。

4）标书通常是由采购职能部门的代表在另一个人的监督下打开标书。

（3）限制性（选择性）招标法

限制性（选择性）招标法是指在一定范围内选择供应商，被邀请的供应商的数目必须足够保证真正的竞争性。该采购程序如图 2.3 所示。

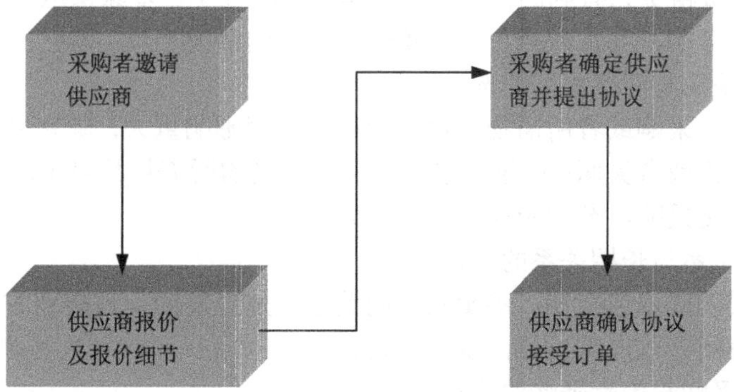

图 2.3　限制性/选择性招标法的采购程序

（4）谈判选择法

谈判选择法是指由采购单位选出供应条件较为有利的几个供应商，同它们分别进行谈判，再确定合适的供应商。和招标法比较，谈判选择法因双方能充分谈判，在商品质量、交货日期和售后服务等方面较有保证；但由于选择范围有限，不一定能得到最便宜、供应条件最有利的供应商。当采购时间紧迫、投标单位少、供应商竞争不激烈、订购物资规格和技术条件比较复杂时，协商选择法比招标方法更为合适。该采购程序如图 2.4 所示。

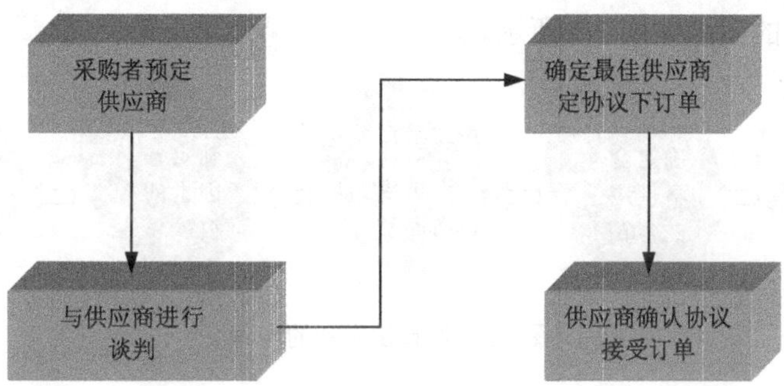

图 2.4　谈判法的采购程序

3. 选择供应商时的策略性问题

（1）企业采购与外包采购的选择

外包采购的比率越高，则选择供应商的机会越大，并以能够分工合作的供应商为主要对象。通过外包，企业可以将精力集中于核心产品的生产上，避免了精力分散，但费用相对企业采购要高。

（2）单一供应商与多家供应商的选择

一个供应商是指采购所需物品集中向一家供应商订购。这种购买方式的优点是供需双方的关系密切，购进物品的质量稳定、采购费用低；缺点是无法与其他供应商相比较，容易失去质量、价格更为有利的供应商，采购的机动性小。多家供应商是指所采购的物品向多家供应商订购，其优缺点正好与单一供应商的情况相反。

（3）直接采购与间接采购的选择

若是需要大量采购或者所需物品对企业生产经营影响重大，则宜采用直接采购，从而避免中间商加价或者失职；如果采购数量小或者采购所需物品对生产经营活动影响不大，则可通过间接采购，节省企业的采购精力。

（4）短期关系与长期关系的选择。

若只重视采购成本或交期，买卖双方的关系只是短期的，只有双方建立长期关系，买方才能让供应商介入产品设计，及分享资讯。

（5）国内采购与国际采购的选择

选择国内的供应商，价格可能比较低，由于地理位置近，可以实现准时生产或者零库存策略；选择国际供应商则可能采购到国内企业技术无法达到的物品，提升自身的技术含量，扩大供应来源，提升市场竞争力。

（6）其他选择

选择具备产品研发能力的供应商，提高交货次数并协助采购方建立零库存的供应商，能供产品回收使用且不造成环境污染或公害的供应商等。

2.1.3 选择供应商的一般步骤

选择供应商的步骤如图 2.5 所示。

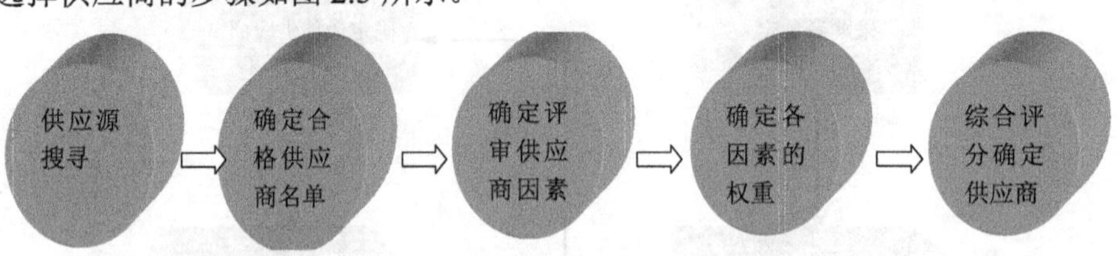

图 2.5 选择供应商的步骤

2.1.4 工作步骤说明

供应商选择的好坏直接影响到企业的最终产品。为了能够得到更加满意的供应商，企业必须成立一个对企业生产、技术、计划及市场等多方面考虑的部门。部门人员通过市场信息来确定供应商或拟定一个招标文件，在一定的范围内或媒体上进行公开，通过对供应商的资质（注册资金、成立年代、企业文化、员工人数及层次比例、财务状况等）、制造能力（生产设备、占地面积、设备生产效率等）、技术能力（科学技术、国际技术、技术人员的层次等）、管理绩效（年生产能力与预定计划的差异、物流的运作效率、流动资金的数量、政府的评价等级）等方面的考核，确定一个权重比例，最终确定供应商。

在选择供应商时，企业常常会遇到一些问题，针对这些问题，应该采取一些对策，如表 2.1 所示。

表 2.1　选择供应商过程中常见的问题与对策

问　题	对　策
缺乏计划	建立一套开发供应商的标准作业计划、办法及流程
缺乏组织性	组织专业人员、相关人员及部门共同协作与参与
缺乏客观标准	制定供应商的评选标准
缺乏正确观念	对全员进行教育训练，达成共识
选择供应商时间长	建立开发供应商的时间或数量限制
采购人员专业性不足	加强专业的访查技能训练
供应商的信息不足	建立供应商信息及管理系统，并定期检查与更新
采购人员的监督不足	建立公开、公平、公正的原则和奖惩办法

小　结

本节介绍了供应商选择的定义、方法、步骤以及选择供应商时应考虑的因素。

相关作业

画图说明供应商选择的步骤。

2.2　供应商审核

案例导入

戴尔公司在很长一段时间内与 200 多家零部件供应商保持着交易关系，过多的供应商无法保证准时配送，于是该公司将供货渠道集中在 15～20 家核心企业上。这些企业为了保证向戴尔公司提供及时的供应，在戴尔工厂的附近设置了很多零部件仓库。戴尔公司之所以能够不建立零部件库存而又能适应顾客对计算机产品的多种需求，正是因为与核心供应商建立起了紧密的合作关系。在这种伙伴关系下，戴尔公司不承担库存风险，而是由供应商承担，通过与零部件供应商构建紧密的合作关系将库存控制在最低水平。

必备的理论知识

2.2.1　供应商审核的概念和地位

供应商的审核是供应商管理中非常重要的环节，也是每一个采购单位都必须要做的工作。供应商审核是在完成供应市场调研分析、对潜在的供应商已做初步筛选的基础上对可能发展的供应商进行的。目的是确认、筛选出最好的供应商，优化供应商结构，提高竞争优势。

2.2.2 知识储备

1. 供应商的审核内容

供应商审核可在产品质量层次、工艺过程层次，也可深入到质量保证体系层次甚至供应商的公司整体经营管理体系层次。

1）产品层次的审核。这一审核主要是确认、改进供应商的产品质量，有时要求供应商改进产品质量以符合企业的要求。实施办法有正式供应前的产品或样品认可检验，以及供货过程中的来料质量检查。

2）工艺过程层次的审核。这一审核主要针对那些质量对生产工艺有很强依赖性的产品。要保证供货质量的可靠性，往往必须深入到供应商的生产现场了解其工艺过程，确认其工艺水平、质量控制体系及相应的设备设施能够满足产品的质量要求。

3）质量保证体系层次的审核。这一审核是就供应商的整个质量体系和过程，参照ISO9000标准或其他质量体系标准而进行的。

4）公司层次的审核。这一审核是对供应商进行评审的最高层次，它不仅要考察供应商的质量体系，还要评审供应商经营管理水平、财务与成本控制、计划制造系统、信息系统和设计工程能力等各主要企业管理过程。

在实际情况中，对于那些普通型供应商，采购商一般只局限于产品层次和工艺过程层次的评审。如果采购商要挑选合作伙伴，情况就不一样了，特别是那些管理严格、技术先进的国际大公司，它们通常会大量采用质量保证体系和公司层次的评审来控制供应链体系。

2. 供应商审核的方法

供应商审核方法通常有：

（1）主观法

主观法是采购方根据个人对供应商了解的信息及以往的经验，对供应商进行评判。

（2）客观法

客观法是依据采购方制定的标准或原则，对供应商相应相关情况进行量化的考核和审定。客观法又可以具体分为：

1）调查表法。是将事先制定好的调查问卷发给不同的供应商填写，收回后进行比较的方法，常用于询价、邀请招标以及对供应商情况的初步了解等情况。

2）现场打分评比法。就是指预先准备好一些问题，而后组织有关人员到现场进行核查、确认。同调查问卷相比，这种方法获得的信息更加真实有效。

3）供应商绩效考评法。就是指对现有供应商的供货及时性、质量、价格、服务等进行跟踪、考核和评比。

4）供应商综合审核法。就是针对供应商公司层次而组织的包括质量、工程、企划、采购等专业人员参与的全面审核，它通常需要将问卷调查与现场打分结合起来进行。

5）总体成本法。这是一种耗资巨大但却十分有效的方法。该方法的重点是降低供应商的总体成本从而达到降低采购价格的目的。它需要供应商的通力合作，由采购商组织强有力的综合专家团队对供应商的财务及成本进行全面、细致的分析，找出可以降低采购成本的方法并要求供应商付诸实施与改进，改进后的受益则由双方共享。少数跨国公司曾使用总体成本法来降低成本并借此提升供应商的综合管理水平。

2.2.3 供应商审核的程序

供应商审核的程序如图 2.6 所示。

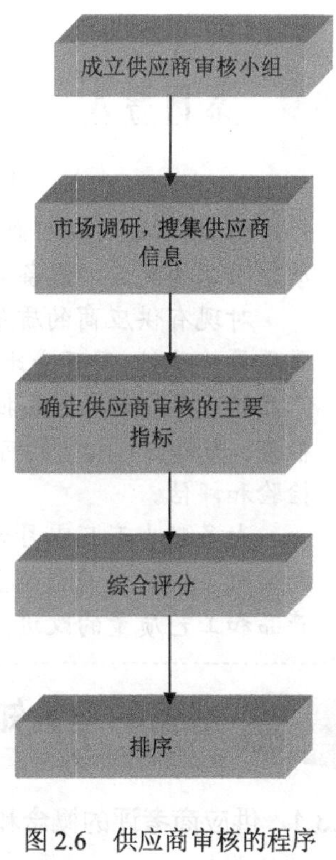

图 2.6 供应商审核的程序

2.2.4 供应商审核程序说明

在供应商审核时，对不同的采购物品成立相应的审核小组。该小组对供应商进行市场调研、收集信息资料，在此基础上分析确定审核指标，给各指标进行权重分析并为每一个供应商进行打分并排序。

由于供应商自身条件的不同、各有利弊，在选拔合格供应商时，必须有客观的评分项目作为依据。因此，供应商审核应该制定详细的评审内容，通常包括下列几项：

1）营运规模。供应商经营的历史、法人的资历、注册资金、员工人数、主要的客户、财务状况。

2）生产能力。供应商是否有先进的生产设备、设备的利用率、厂房的占地面积、内部物流状况，以及生产作业人力员的素质等。

3）技术能力。供应商是否应用先进的科学技术、自行研发的技术、与国际知名企业技术开发合作、产品或试制品的技术评估、产品的开发周期、技术人员的数量及受教育程度等。

4）质量管理。供应商有无质量管理制度手册；有无质量保证的作业方案；有无年度质量检验的报告；有无政府机构的评鉴等级；是否通过 ISO9000 认证。

5）制度管理。供应商物料需求控制是否合理、生产流程是否顺畅、生产计划与产出效率是否一致、采购作业是否为成本计算提供良好的基础。

小 结

本节介绍了供应商审核的定义、内容、方法和供应商审核的程序。

相关作业

画图说明供应商审核的步骤。

2.3 供应商考评

案例导入

IBM 根据核对表选择潜在的供应商

IBM 眼中的供应商的全面质量性能包括：产品质量、对质量管理的态度、对质量问题的反应、设备和人员。

对现有供应商的质量性能（广义上的）进行连续地评估，其中一项重要的指标是质量一致性。用百分比表示的一致性是指在一个月中接受产品的数量占全部供货产品的比率。如果样品抽查符合要求，一份订单就被接收。供应商在发货前先自行检查。另外，对发货的可靠性、产品价格和消耗情况、供应商管理的准确性也进行检验和评估。

大多数生产厂以月为单位向供应商报告评估的结果，每年最优秀的供应商能得到奖励（IBM 供应商奖金）。所有这些措施只有一个目标：激励供应商不断地进行产品和工艺质量的改进。

必备的理论知识

2.3.1 供应商考评的概念和地位

供应商考评是对现有供应商的日常表现进行定期监控和考核。

通常我们只是对重要供应商的来货质量进行定期检查，没有一整套的规范和程式。随着采购管理在企业中的地位越来越重要，供应商管理水平也在不断上升，原有的考评方法已不再适应企业管理的需求。

2.3.2 知识储备

1. 考评准备

供应商考评是一项十分繁琐，而又必须做到公正、公平及公开的工作。因此，要实施供应商考评，就必须制定供应商考评的一整套严格完整的工作程序，有关部门或人员严格按照考评标准实施。实施过程中要对供应商的表现，如质量、交货、服务等进行监测记录，为考评提供量化依据。一般准备工作主要有如下几方面：

1）成立考评小组。

2）设定考评准则与指标。

3）确定考评程序。

4）选择考评的供应商。

2. 考评目的

供应商考评是对已经通过认证的、正在为企业提供服务的供应商进行的绩效考核。其目的是了解供应商的表现，促进供应商提升供应水平，并为供应商奖惩提供依据。由于供应商考评也要耗费企业的人力和物力，因此为了节约企业资源，避免不必要的浪费，只需选择企业认为对其产品质量有重要影响的供应商，如优先型供应商、伙伴型供应商等。如果管理成熟，供应商考评可以每月进行一次，并将考评结果及时通知该供应商以督促他们加以改进。

3. 考评考虑因素

供应商考评时所考虑因素分为短期因素和长期因素。

1）短期考虑因素有：

① 供应商提供产品的品质。

② 供应商提供产品的成本分析。

③ 供应商提供产品从下订单到合同要求的交货时间。

④ 供应商整体服务水准及供应商履行合同的能力。

2）长期考虑因素有：

① 供应商的财务状况。

② 供应商内部组织与管理。

③ 员工的数量与培训。

2.3.3 供应商考评程序

不同的供应商其生产规模与供应能力不同。因此，对不同供应商的考评要求不同，即应设置不同的考评指标与考评文件。所以在确定了考评范围的前提下，进行指标文件的制定、计算考评结果、通报供应商进行改进。如图 2.7 所示。

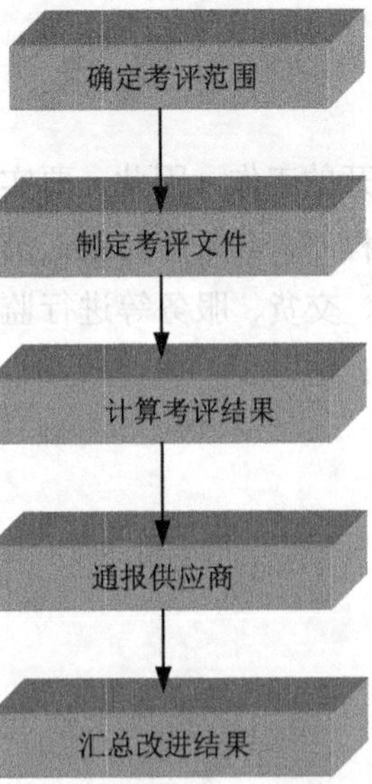

图 2.7 供应商考评程序

2.3.4 供应商考评程序说明

供应商考评集中在对供应商组织的技术、生产、财务、商务和环境能力的评估。

不同企业生产规模不同，供应商供应的原材料也不同，因此针对供应商表现的考核要求也不相同，相应的考核指标设置也不一样。一般来讲，最简单的办法就是衡量供应商的交货质量、及时性价格和售后服务，如表 2.2 所示。较先进的供应商考核系统则要进一步扩展到供应商的支持服务、供应商参与本公司产品开发的表现等，也就是把考核订单、订单实现过程延伸到产品开发过程。

表 2.2 简单供应商的考评计算

因 素	权 重	得 分	总 分
质 量	20	15	15
交 货	20	15	15
售后服务	25	20	20
价 格	35	30	30
总 分	100	80	80

采购人员通常从价格、品质、交货期和服务水平几个方面来考核供应商，并按百分制的形式来计算得分，至于如何分配，各公司可视具体情况自行决定。

小 结

本节介绍了供应商考评的因素、程序和考评时应考虑的因素。

相关作业

画图说明供应商考评的步骤。

2.4 供应商开发与认证管理

案例导入

奥迪的采购和供应战略

随着新奥迪 A3 型汽车（以下简称 A3）投放市场，奥迪在小型汽车市场已经成为领先者。A3 通过其优秀的设计、优良的品质、安全性和广泛使用标准装置为业界设立了新标准。A3 是奥迪仅用了 24 个月就开发成功的高级小型汽车。没有奥迪供应商的热心和参与。就不可能完成这样的任务。

在奥迪 A4 型轿车的开发中，奥迪已经在汽车供应行业的一体化方面开创了新领域。这里的专用语就是“同步工程”。同步工程是指开发步骤平行进行。这样做可以节省时间，但同时要求极强的纪律性和可靠的程序，因而对公司所有部门的职员和奥迪供应商的职员的要求方面必须做出彻底的改变。对于直接接口与供应行业相联系的采购部门尤其需要如此要求。

20 世纪 80 年代，“采购”仅仅代表一个主要以低成本采购为导向的部分购置过程。然而在今天，采购承担了全面产品开发过程的共同责任。这个变化的结果之一就是奥迪在选择供应商时进行的整体分析。作为前端供应来源的一个组成部分，这些供应商在一个很早的阶段就被奥迪整合在一起，有时甚至参与了设计阶段的工作。供应商有机会以其知识和经验承担产品设计以促进生产。

在产品计划的早期阶段，考虑到核心竞争力，物流、研发、控制和采购共同定义了开发和产品深度。这是影响奥迪这个品牌进入高级轿车行列的决定性因素。公司的目标就是以最大程度的连续性创造支持对模块和系统负责的过程链……奥迪希望其合作伙伴（供应商）逐渐发展成为提供全方位服务的系统供应商。

对奥迪的 A3 汽车的描述表明了在采购和供应战略方面的主要发展趋势，这在其他制造企业中也能够见到。像其他公司一样，奥迪逐渐将其注意力集中到它所认为的核心活动上。对奥迪而言，这些活动与一个汽车市场超级品牌形象的发展和设计、组装高级汽车有关。因此供应商被纳入到为了达到最佳技术和经济可行方案的主要设计决策中。汽车、系统和部件需要以低成本制造、没有废品、保持很高并且一致的质量水平。较短和可靠的交货周期。奥迪不单单只从供应商那里买部件。通过其前端供应来源计划，他们希望尽可能地应用供应商的专业技术并从中获益。这就是奥迪投巨资改善与供应商的关系的原因。这样，供应商的角色逐渐从仅仅提供产品的供应商发展成为设计和交付高科技的先进模块和子系统（如轴、仪表板、空气控制装置、座椅）的系统供应商。

必备的理论知识

2.4.1 供应商开发的概念和地位

所谓开发供应商就是寻找新的供应商，建立起适合于企业需要的供应商队伍。

一批适合于企业需要的供应商是企业的宝贵资源。供应商企业适时适量地为企业提供物资供应，保证企业生产和流通的顺利进行，这是企业最大的需要。军队打仗需要粮草，企业生产需要物资，供应商就相当于企业的后勤队伍。供应商开发和管理实际上就是企业的后勤队伍的建设。

供应商开发是一项很重要的工作，同时也是一个庞大复杂的系统工程，需要精心策划、认真组织。

2.4.2 知识储备

1. 供应商信息的来源

要开发供应商，首先就必须扩大供应商信息来源。换句话说，供应商愈多，选择供应商的机会就愈大。现将寻求供应商的主要信息来源列示如下：

① 国内外采购指南。

② 国内外产品发布会。

③ 国内外新闻传播媒体（报纸、刊物、广播电台、电视、网络）。

④ 国内外产品展销会。

⑤ 政府组织的各类商品订货会。

⑥ 国内外行业协会会员名录、产业公报。

⑦ 国内外商业协会。

⑧ 国内外各种厂商联谊会或同业工会。

⑨ 国内外政府相关统计调查报告或刊物，如：工厂统计资料、产业或相关研究报告。

⑩ 其他各类出版物的厂商名录。

⑪ 利用电视、报纸做全国性或区域性的招商广告，在预定期举办说明会，介绍公司状况，先吸引供应商接触，再慢慢选择，这也是一种供应商信息来源之一。

⑫ 可以在电视或报纸杂志的广告商品上，通过媒体上联络电话、地址来作为信息来源。

⑬ 采购人员可通过对同行业（竞争对手）的供应商情况调查，发现优良商品供应商的信息来源。

⑭ 向同行厂商询问，厂商可提供相关信息。

2. 实行供应商认证制度

供应商认证是一种正式的考核供应商的业务和工作方法的认证过程，通常是由功能交叉的团队执行高密度现场审计。供应商一旦经过认证，就意味着其工作过程和方法全部都在质量控制之内。它们提供的原材料、配件或子系统一般也无须进行检验。认证一般只对某些特定的部件、业务有效，而不是对整个企业和整个产品认证。对企业而言，认证工作对它所采购原材料质量的提高有重要的影响，因为供应商所提供的原材料的质量是评价供应商绩效的一个重要因素。

在认证工作中，功能交叉的团队要根据供应商的具体情况，为每个供应商确定改善绩效的目标并协助他们寻找改善绩效的可能，如确定减少产品的缺陷数量等。具体工作步骤包括：在审计团队到达之前，供应商进行自检；由功能交叉的团队进行综合性的现场调查并及时将调查得到的结果反馈给供应商；对供应商进行绩效高低排队。

供应商认证是供应商管理的一项重要内容，也是供应商管理的一种重要方法。在供应商认证的实际工作中，特别要注意的是，要对供应商进行不断的考核和评价，否则就会产生供应商绩效下滑或供应商管理失控的风险。

2.4.3 供应商开发过程

供应商的开发是采购体系的核心，其表现也关系到整个采购部门的业绩。一般来说，供应商开发过程如图 2.8 所示。

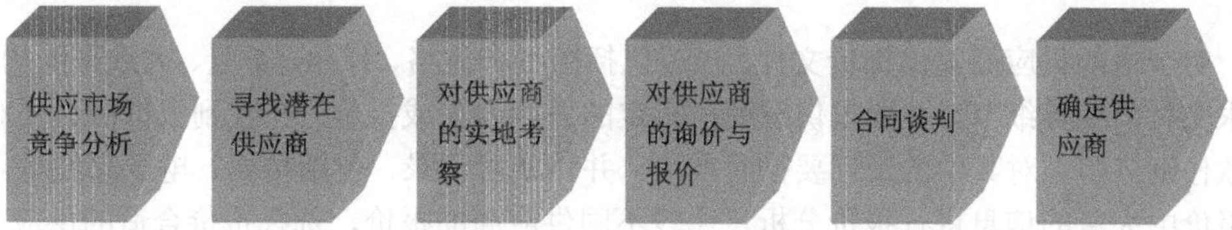

图 2.8 供应商开发步骤

1）供应商开发，首先要确认供应商是否建立有一套稳定有效的质量保证体系，然后确认供应商是否具有生产所需特定产品的设备和工艺能力。

2）其次是成本与价格，要运用价值工程的方法对所涉及的产品进行成本分析，并通过双赢的价格谈判实现成本节约。在交付方面，要确定供应商是否拥有足够的生产能力，人力资源是否充足，有没有扩大产能的潜力。

3）最后一点，也是非常重要的是供应商的售前、售后服务的记录。

2.4.4 供应商开发过程说明

1. 供应市场竞争分析

分析目前市场的发展趋势是怎样的，各大供应商在市场中的定位是怎样的，从而对潜在供应商有一个大概的了解。再将所需产品按 ABC 分类法找出重点物资、普通物资和一般物资，根据物资重要程度决定供应商关系的紧密程度。

2. 寻找潜在供应商

经过对市场的仔细分析，可以通过前面提到的供应商信息来源来寻找供应商。在这些供应商中，去除明显不适合进一步合作的供应商后，就能得出一个供应商的考察名录。

3. 对供应商的实地考察

邀请质量部门和工艺工程师一起参与供应商的实地考察，他们不仅会带来专业的知识与经验，共同审核的经历也会有助于公司内部的沟通和协调。

在实地考察中，应该使用统一的评分标准进行评估，并着重对其管理体系进行审核，如作业指导书、质量记录等文件，重要的还有销售合同评审、供应商管理、培训管理、设备管理及计量管理等。考察中要及时与团队成员沟通，听取供应商的优点和不足之处，并听取供应商的解释。如果供应商有改进意向，可要求供应商提供改进措施报告，作进一步评估。

4. 对供应商的询价与报价

对合格的供应商发出询价文件，一般包括图纸和规格、样品、数量、大致采购周期、要求交付日期等细节，并要求供应商在指定的日期内完成报价。在收到报价后，要对其条款仔细分析，对其中的疑问要彻底澄清，并作相应记录，包括传真、电子邮件等。根据报价中大量的信息进行报价分析，比较不同供应商的报价，选择报价合适的供应商。

5. 合同谈判

对报价合适的供应商进行价格谈判、批量产品、交货期、快速的反应能力、供应商成本变动及责任赔偿等。每个供应商都是所在领域的专家，多听取供应商的建议往往会有意外的收获。有的供应商主动推荐替代的原材料，如用韩国的钢材代替瑞士产品，其成本节约高达 50%，而且性能完全满足要求，这是单纯依靠谈判所无法达到的降价幅度。

6. 确定供应商

通过策略联盟，参与设计，供应商可以有效地帮助我们降低成本。还有非常重要的一个方面是隐性成本。采购周期、库存、运输等都是看不见的成本，要把有条件的供应商纳入适时送货系统，尽量减少存货，降低公司的总成本。

知识链接

电子采购

1. 电子采购的定义

电子采购（E-procurement）是组织内部以及组织之间旨在简化交易手续，基于网络技术的采购方式。它可以定义为利用互联网对所需的服务或产品进行查询、授权、订购、接收和支付活动。

2. 电子采购的关键术语

1）电子市场，是网络上买卖双方发生实际交易的地方。
2）网站，是购买者寻找单一卖家的地方。
3）内部网，是组织内部的计算机网络。
4）外部网，是内部网的扩展和延伸，它使组织外部的各方（客户、供应商、分销商等）像组织内的雇员一样使用同样设施，因而，可以使参与者之间采购由该组织设定的标准通讯协议进行电子通讯交流。
5）应用服务供应商（application service provide，ASP）是一个运作技术平台，并为用户提供管理设施的公司，客户可以支付一定的费用利用这些平台和设施运行他们的电子商务应用软件。公司可以在这些平台上张贴他们自己的产品目录或使用 ASP 提供的目录。
6）入口，与“网关”同义，入口是一个过渡性网点。
7）买家中心入口，是由数个买家向购买者提供一个整体的产品报价而设定的市场。
8）卖家中心入口，是卖家同时寻找数个买家的地方。
9）电子市场交易所，是整个买家和卖家同时出现的地方。

3. 电子采购周期

电子采购周期描述了具有采购流程特点的典型阶段（如图 2.9 所示）。

4. 电子采购的作用

电子采购具有降低成本和改善流程的作用，具体说来，电子采购的作用包括以下几点：

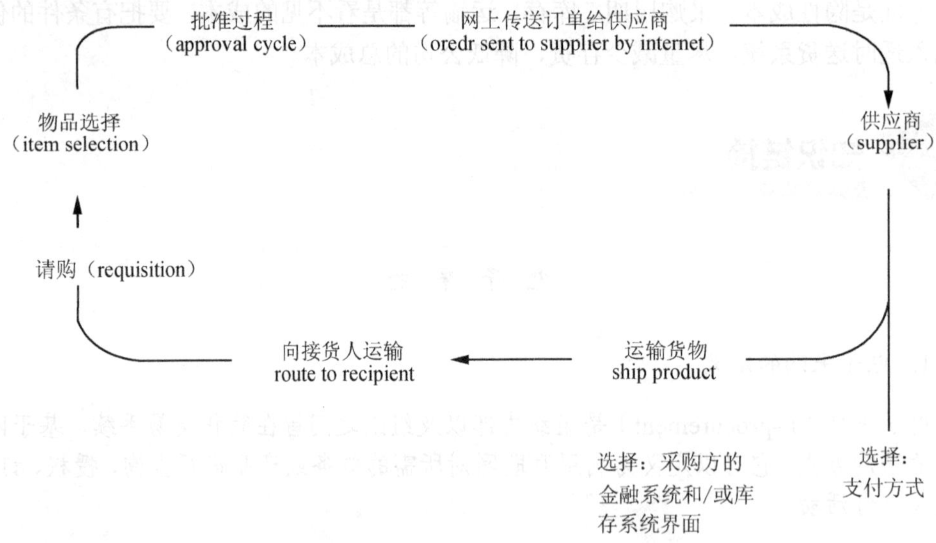

图 2.9　电子采购周期

1）降低流程成本。电子化的采购订单比多联纸张订单要便宜；电子订单通过网上直接传送给供应商，缩短了采购周期。

2）加强控制。通过对采购系统规则的控制，减少独立采购的发生。例如，电脑上的所有订单必须发送给预先挑选的合格的供应商，不支付不通过系统产生的订单；由于电子采购流程提供了良好的追踪和功能，减少采取不正当手段和现金诈骗的机会。

3）获取好的价格。采购电子采购进行全球供应源搜寻的可能性增大，能够对更多、更好的供应商进行选择，获取更好的价格。

5. 电子采购的使用范围

适用于电子采购的商品包括：

① 商品容易确定和容易分类。
② 商品采购量大。
③ 商品供应商能够接受电子销售观念。

小　结

本节介绍了供应商开发的概念、供应商的主要信息来源、供应商认证的概念和供应商开发的过程。

相关作业

画图说明供应商开发的步骤。

本 章 小 结

供应商的成功选择是采购成功的一半，采购商通过对供应商的管理，督促供应商改进质量，可以达到双赢的目的。

本章介绍了供应商选择、供应商考评、供应商审核以及供应商开发四个方面的基本知识。

案 例 分 析

Krause 公司对供应商的选择

1. 基本情况

Krause 公司是一家机械与金属片承包商，成立于 50 年前。虽然它在美国各地有许多分支机构，但关于金属制造这部分工作主要还是集中在中西部地区。公司非常强调工艺质量，富有竞争力的价格以及及时交付的能力。对于其供应商的选择，我们用一个实例来进行了解：某年秋天，公司要在一座新建筑物上安装排气系统，于是公司在安装排气系统之前，公司中西部地区的采购经理需要对自制或外购导管进行一番比较。

2. 影响供应商选择的因素

（1）项目特殊性制约着材料的选择

夏天的时候，Krause 公司就接受委托为总部的研究实验室提供 HVAC 系统。整个排气系统约需要直径为 10 英寸（1 英寸 = 0.0254 米）的不锈钢管 6500 英尺（1 英尺=0.3048 米）。当 Krause 公司的成本评估部门准备原始标底时，就计划在中西部分厂自制这种不锈钢管，由于用途特殊，需要的零部件许多都是非标准品，该项目十分复杂。

（2）质量和成本之间的平衡点

项目进行到一半的时候，负责金属片生产的副经理认为如果外购不锈钢管，成本可能会比预算低。采购经理也明白这个道理，但他认为，一般来说降低成本是以牺牲质量为代价的。而由于实验室排放的空气中存在毒素，该系统的防漏性必然十分关键，必须对每根管子都要进行测试，确保其完好无损。如果在焊点上发现漏洞，就要当场花很多时间重焊。所以，原材料的成本和质量同样的重要。

（3）原材料的获取渠道

在原材料的获取渠道方面，采购经理知道，有两种方法可以获得管子。首先，Krause可以按原计划自制管道，成本最低，质量也过得去；第二种可能就是寻找供应商，以较高成本提供现成的管道。

1）采用采购渠道。采购经理首先考虑第一种选项：采购。他对市场进行了完整的调研工作，发现每英尺（包括交付）直径为 10 英寸的不锈钢管，多数供应商的报价都为 23～28 美元。但有一个供应商每英尺只要价（包括支付）18.20 美元，而且，这个供应商提供的管子长为 20 英尺，并且保证质量没问题（没有漏洞）。另外，他们的管子是圆管，这个特性恰恰是 Krause 现有的设备所难以达到的，圆管在连接时能节省不少时间，而且还会大大降低焊接失误的可能性。

尽管该选项听起来非常吸引人，但采购经理作为一名在采购领域摸爬滚打了 14 个春秋的老兵，清楚地知道，不能单凭第一印象就做出重大的决策。他还要全盘考虑，才能做出明智的选择。

2）采用自制的渠道。采购经理首先取得了自制成本估计所需的全部数据。在自制管道时需要进行的是两个步骤：首先，通过“轧制”工序将一大块钢板塑造成圆管状；然后，再用焊接工序将钢管焊接在一起。具体的数据是：制造直径为 10 英寸的钢板，每轧一块约耗时 6 分钟，包括装载和卸载零部件。Krause 在该道工序使用的设备能卷起长为 8 英尺的钢板。焊接一段 8 英尺的管子估计需时 10 分钟。公司的成本估计中设定的人工工资是每小时 32.60 美元，由此产生了 42%的间接费用。不锈钢板的长度不等，都在 100 英尺以下，宽度则为 36 英寸、48 英寸或 60 英寸，价格最高的是每磅 1.80 美元（1 磅=0.4536 千克）。16 英尺长的钢材每平方英尺约重 2.5 磅。焊接工序需要焊丝和焊接气体。焊丝的成本为每磅 5.50 美元，每焊接 1 英尺需要焊丝 0.03 磅。焊接气体的成本是每焊 8 英尺钢管需 25 美分。该项目所需管道的长度多数都超过了 8 英尺。因此，采购经理认为有必要在自制选项中再加上额外连接（例如，把两根 8 英尺长的钢管连成一根 16 英尺长的钢管）的成本。这种连接是要在管子的接口上进行焊接，每次焊接时，工序加备货需时 18 分钟。

（4）采购经理的决策

最后，采购经理通过对以上的各方面的仔细权衡，认为采用购买的渠道成本较低，而效率也是更好的，于是决定选择合适的供应商，采取采购的渠道进行原材料的购置是最适合的。

思考与练习

1．选择供应商要考虑哪些因素及其所使用的方法有哪些？

2．进行供应商考评时要考虑哪些因素？
3．供应商考评指标有哪些？
4．在供应商审核时怎样去定位以及使用哪些方法？
5．简要描述电子采购的作用。
6．怎样进行新的供应商的开发与发证管理？

第 3 章 采购谈判

学习目标

通过本章的学习，学生应该能够解释谈判的定义，识别谈判的时机，熟悉谈判的目标，描述谈判的主要阶段，说明谈判的内容。

3.1 概　　述

案例导入

吉世建筑公司

亚亮是吉世建筑公司的一个主要建筑供应商。亚亮开出了“一口价”，谈判空间很有限。吉世建筑公司不知道供货商如何定价，也不知道其成本结构及涨价的原因，吉世公司的采购员最近被告知：煤吨上涨 5.5 元是运输中燃油费上涨的结果。但对此进行分析计算可知，每吨应该上涨 5 元。当提出这个问题时，供应商的销售代表却说他们是奉命行事。

如果你是吉世公司的采购员该如何解决问题呢?

必备的理论知识

3.1.1 谈判的概念和地位

谈判（negotiation）的定义可以表述为：在商业交易中，个人、团体、组织、社团、社会以及不同国家之间，为了达成协议而进行的商议、讨论或讨价还价的过程。

谈判总是既包括共同的利益，又包括各自利益的冲突。显然，没有共同利益点，问题就不可能得到解决。

谈判不同于球赛或战争。在球赛或战争中，若一方赢，另一方只能输。在成功的商业谈判中，双方都能获益。这种过程被称为“双赢谈判”。然而，利益却很少被均分，总是一方多于另一方。这也是商业中的规律。通过高明的商业谈判技巧可获得优厚的回报。

采购商有效谈判的能力意味着与供应商交易成功或失败的不同结果。

3.1.2 知识储备

1. 谈判的目标

良好的谈判技能会对企业竞争力和利润的提高起到重要的作用。其贡献的程度会依所谈判商品或服务的特性和价值的不同而不同。在多数情况下，提高了谈判绩效，能够实现以下一项或多项目标：

① 更加合理的价格。
② 更好的质量、耐用性和性能。
③ 更短的前置期。
④ 合同执行无障碍。
⑤ 改进供应商可靠性和服务。
⑥ 减少同供应商的争执。

谈判对利润的影响如图 3.1 和图 3.2 所示。

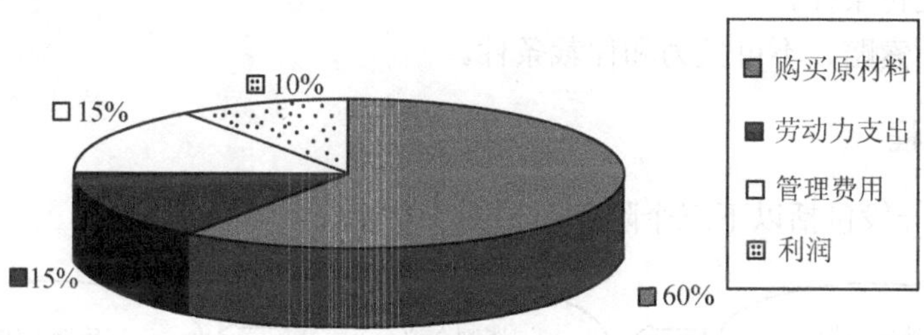

图 3.1 制造企业营业额的成本构成（谈判前）

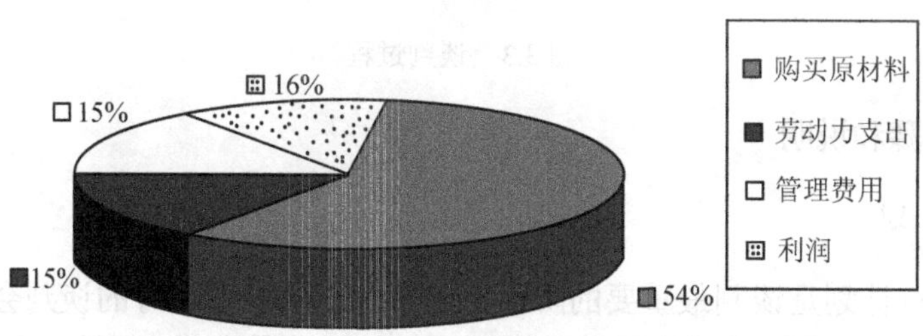

图 3.2 制造企业营业额的成本构成（谈判后）

就制造业的平均水平而言，购买原材料的费用一般会占公司营业额的 60%，通过改进谈判技巧，设法将原材料的总成本降低10%，将会使营业额中原材料成本的份额从60%

降低到54%，正如上面的例子所示，这可以极大地提高企业的盈利能力。

2. 谈判时机

与供应商的谈判并不仅仅发生在就某一交易进行磋商的时候。通常，采购者与供应商谈判分为三个大的阶段：

1）合同前谈判：明确了解该项采购的技术要求。

2）合同谈判：获得可能的最好价格及导致可能的最低拥有成本的其他合同条款。

3）合同后谈判：保证合同依照协定执行。

3. 谈判的内容

在采购谈判中，双方主要就以下交易条件进行磋商：

① 商品品质条件。
② 商品价格条件。
③ 商品数量条件。
④ 商品包装条件。
⑤ 商品交货条件。
⑥ 货运保险条件。
⑦ 货款支付条件。
⑧ 检验、索赔、不可抗力和仲裁条件。

3.1.3 谈判过程

谈判过程一般包括以下三个阶段，如图3.3所示。

图3.3 谈判过程

3.1.4 工作步骤和说明

1. 谈判计划

谈判前进行计划是谈判最重要的阶段之一，为了每一个小时的谈判会晤，需要数小时的准备工作。这对高支出或高风险的重要项目的采购是非常必要的。而对那些不很重要的采购，计划阶段可以缩短。

计划阶段一般包括了解谈判的采购背景、了解关于市场和其他方面的相关信息以及制定谈判目标和策略等。

2. 谈判会议

谈判会议是指面对面的讨论。“会议“也可通过电话进行，许多公司现在使用视频会议设施。可以说，只有通过谈判，所有为谈判所做的计划和辛苦的准备工作以及确定的谈判目的、目标和策略才能得到成果。

计划和设计策略对于谈判来说很重要，但是要想成功，这些还是不够的。谈判会议本身也是一个需要精心组织的事情，不只是双方偶然的和随意交换观点的会议。

3. 后期工作

这个阶段包括采取措施来确保协议按约执行，同时还要对双方的谈判绩效进行评价。评估有助于确定目标是否实现。如果没有，应分析原因。评估也可以使你从中总结谈判经验，目的是在下一次的谈判中取得更加满意的结果。

小　　结

本节介绍了采购谈判定义、采购谈判的时机、采购谈判的内容和采购谈判过程。

相关作业

画图说明采购谈判的过程。

3.2 谈 判 计 划

案例导入

在设备采购过程中，设备价格往往是购销双方谈判的焦点。那么，采购企业如何在谈判中成功议价呢？主要策略有：

① 在谈判前，尽量搜集该供应商及其他供应商的相关信息，了解设备成本和平均利润水平。

② 在谈判中，一是不要从开始就亮出采购底价；二是要掌握价格谈判主动权；三是要经常提及其他供应商设备的性价比，进行横向对比，论证己方保价的合理性和对方保价的不合理性；四是要表现出议价的耐性和诚意，不要表现出急于求成。

③ 在谈判后，若实现预定价格目标，则立即要求对方在合同上签字；若没有达到预定价格目录，应延缓签字时间，直到对方降价为止。

必备的理论知识

3.2.1 谈判计划的概念和地位

谈判计划是对谈判工作的预期安排。它是成功谈判的基础。如果进行了充分的计划并且有明确的目标，那么谈判极有可能会成功并以最可能的方式达成满足公司需求的协议。

谈判计划包括的内容有：

① 了解谈判的背景。

② 分析价格和成本。

③ 获取成本和价格的市场信息。

④ 供应商评价。

⑤ 了解谈判所涉及的人员。

⑥ 了解谈判中各方参加人员之间的力量平衡。

⑦ SWOT 分析。

⑧ 制定谈判计划。

3.2.2 知识储备

1. 了解谈判的背景

（1）应满足的需要

在谈判之前必须知道什么是你所需要的。在采购前，要了解以下内容：

① 要求的质量。

② 需求的数量。

③ 要求的交货时间表。

④ 期望的交货地点。

⑤ 供应商所能满足的服务水平。

⑥ 合理的采购预算。

为确认需求，必须与客户（内部或外部）和最终用户保持密切联系。也必须了解在供应过程中为满足这些需求（如运输时刻表，库存能力等）所产生的压力。除非准确掌握企业的需求，否则不可能就最优化的交易进行谈判）。

（2）供应市场的环境

在当今全球化经济中，在准备谈判时考察供应市场意味着要考察整个世界范围内的市场。随时了解国际市场所提供的成本、风险和机会的信息是必要的。这意味着要获取并分析以下方面的信息：

① 所采购产品或服务的全球供应情况（如产能、可获得性、提前期、发展趋势和前景等）。

② 技术进步和替代产品。

③ 价格和价格走向。

④ 价格以外的主要成本因素（如物流/运输）。

⑤ 市场结构和竞争程度（即市场中供应商和采购商的数量和市场份额）。

⑥ 不同的供应细分市场（基于地理位置、技术和分销渠道）。

⑦ 影响市场的政府政策和规定。

⑧ 影响特定供应市场的经济和社会政治环境及其前景（如通货膨胀、汇率、政治稳定性、劳动力条件、通讯、基础设施等）。

管理学专家迈克尔·波特的五力框架通过供应链中的竞争性活动以及议价能力，从而对一个组织的竞争性环境进行分析（见图 3.4）。

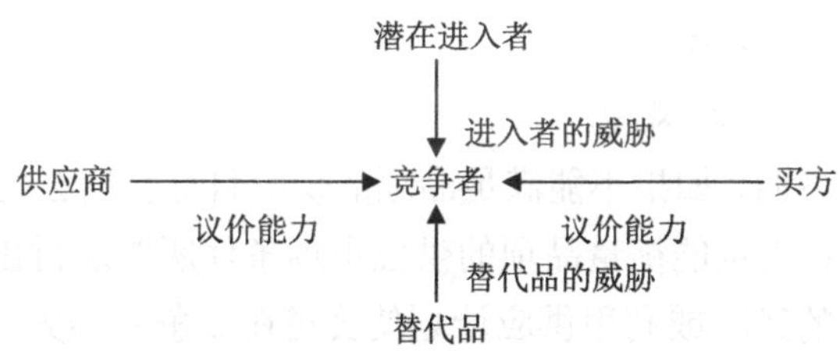

图 3.4 波特分析模型

波特的分析强调供应商的行为对企业竞争力的可能的威胁。模型认为在下列情况下，供应商的议价能力比较大：

① 几个供应商支配市场。

② 从一个供应商转变为另一个供应商的代价很高。

③ 供应商的客户对该供应商不太重要。

进入者的威胁在很大程度上依赖于进入壁垒的程度，进入壁垒是指新进入该行业的生产者的困难程度。进入壁垒主要包括下列因素：

① 规模经济达到的程度。

② 所需的资本额。

③ 现有的通过知识产权的法律和保护性壁垒。

④ 客户转变成本的水平。

⑤ 使用配送渠道的难易。

替代品的威胁是由代用品供应的可用性决定的，主要包括下列因素：

① 采购者是否可以并且愿意购买具有类似特性的替代商品或服务。

② 替代品的比较成本。

例如，运输的替代品，铁路运输的替代可能是长途汽车或者小汽车。如果铁路运输费用增加，那么可能会增加对其他形式运输的需要。

波特指出的第五种力是竞争态势。在任何市场生存的所有组织都要通过下列途径，设法获得竞争优势：

① 成本领先——即以有竞争力的定价销售产品和服务。

② 差别化——即提供不同于竞争者的产品和服务。

③ 可靠性——在质量、交货和支持服务等方面具有可靠性。

当采购者与供应商谈判时，重要的是了解在供应市场上的竞争态势。

（3）采购和供应战略

在进入谈判之前，必须充分了解所购买产品的采购和供应战略。

供应定位模型是通过权衡采购品项相对重要性来改进供应战略的工具，它建立在下列要素的基础之上：

① 品项的年度支出水平。

② 供应的影响、机会和风险。

这个组合的等级表明，如果不能满足品项的供应目标会给公司带来什么影响——通常是利润方面的损失；它也能衡量品项的供应市场条件所要求付出的精力的程度，即避免供应目标不能实现的风险或利用供应计划使公司在竞争中领先。

如果供应风险对公司影响很大，则要求要谨慎制定供应战略并进行采购谈判。

供应定位模型图 3.5 说明了这两个主要的纬度。

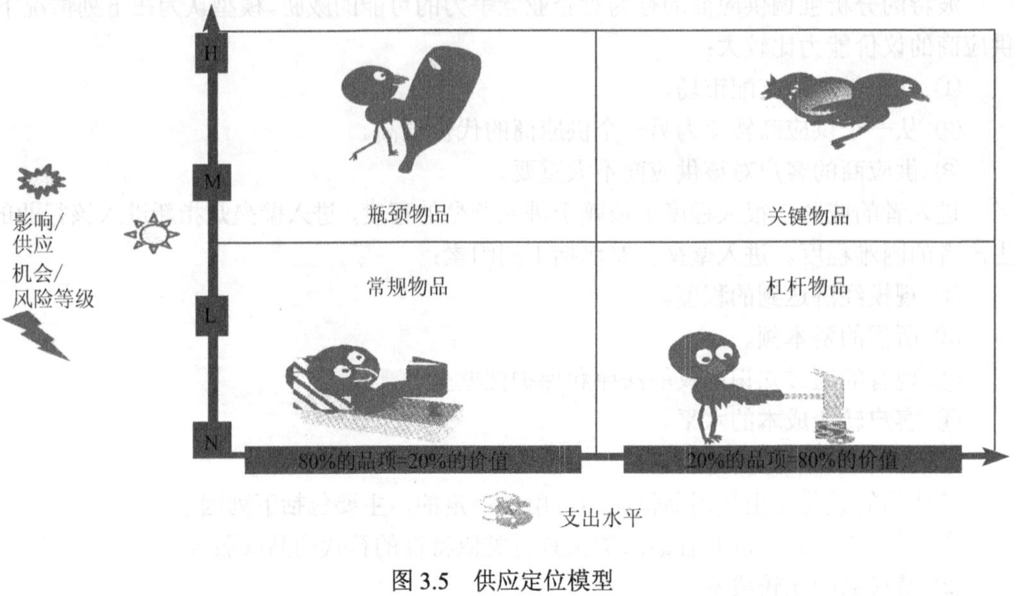

图 3.5　供应定位模型

图中横轴代表采购品项的支出。从左到右，支出逐渐增加。占总支出80%的20%采购品项位于横轴的右侧，占用其余20%支出的80%采购品项位于横轴的左侧。

纵轴表示每一个品项的影响/供应机会/风险的等级，这个等级细分为四个类别：高级（H）、中级（M）、低级（L）和可忽略不计（N），它们分别代表的是：

① H：高影响/供应机会/风险。

② M：中影响/供应机会/风险。

③ L：低影响/供应机会/风险。

④ N：可忽略的影响/供应机会/风险。

供应定位模型把采购物品划分成了四个象限或类型——常规物品、杠杆物品、瓶颈物品和关键物品。

对供应定位模型典型象限的特征归纳见表3.1。

表3.1　供应定位模型四个象限特征比较

类型 / 影响	常规物品	杠杆物品	瓶颈物品	关键物品
对企业的影响/供应机会/风险	低	低	高	高
标准或非标准采购品项	标准	标准	非标准	非标准
供应商的数量	许多	许多	很少	很少
企业的支出水平	低	高	低	高
业务对供应商的价值	低	高	低	高

供应定位模型通常用于两个主要目的：

① 指导你合理安排与供应商谈判过程中投入的精力的优先级。对一项采购谈判所应付出的精力取决于采购品项支出的多少、采购品项对公司的影响程度以及供应市场风险。

② 指导你决定谈判的重点。供应战略、所希望的供应商关系和谈判方法将依赖于供应定位模型中所确认的那些因素的平衡并随之变化。例如，为一个高价值但低供应风险的物品与供应商谈判，与一个高供应风险但低支出的物品的谈判明显将是不同的。

供应定位模型中，每一种类型都要求有特定的供应策略、供应商关系类型和谈判方法，下面分别描述四种类型。

① 常规品项。以低“影响/机会/风险”等级和低水平支出为特征，对这类品项，主要供应目标是使管理费用最小化。因此，常规品项的谈判重点应集中于降低管理成本。但对多数常规品项，几乎不需要进行谈判。很简单，根据供应商能否提供所要求的服务便可以充分了解供应商情况并据此直接确认订单。

② 杠杆品项。以低风险水平和高支出水平为特征，由于支出水平高，杠杆品项的谈判重点应集中于降低价格和全部成本。

③ 瓶颈品项。以高风险和低年度支出水平为特征。瓶颈品项的特点是高风险、低年度支出，因而这类品项的谈判重点应以降低供应风险为目标。由于这种品项的采购量较少且供应商不感兴趣，因而让供应商相信值得花费时间和精力与你进行谈判有很大难度，这或许也是采购此类品项会遇到的最大的挑战。

④ 关键品项。以高风险、高支出水平为特征的，与瓶颈品项一样，关键品项对公司的风险也是重大的。但对这类品项，公司的支出水平会更高。因此要使用更大的能力来影响供应。关键品项很可能是区分公司产品或实现成本优势的最基本的方面，因而也可能是构成公司收益率的关键因素。此类品项谈判的主要目标是在削减成本的同时保证供应的连续性和质量。所以，关键品项的谈判重点应集中于旨在同时降低成本和供应风险的一系列问题上，尤其是要通过与供应商发展伙伴关系来降低成本和风险。

（4）供应商关系类型

企业通常会希望根据所采购的品项来与供应商建立不同类型的关系。这取决于品项在供应模型中的位置。对某些采购品项最好是向最好的供应商定点即时购买，但其他品项则相反，最好的解决方案或许是同一个供应商建立一种长期的合作关系。

希望与供应商建立的关系的类型对谈判有直接的影响，图 3.6 显示了几种可能的不同类型的供应商关系，从最基本的类型（现货采购）一直到最先进的形式（伙伴关系和合资企业）。

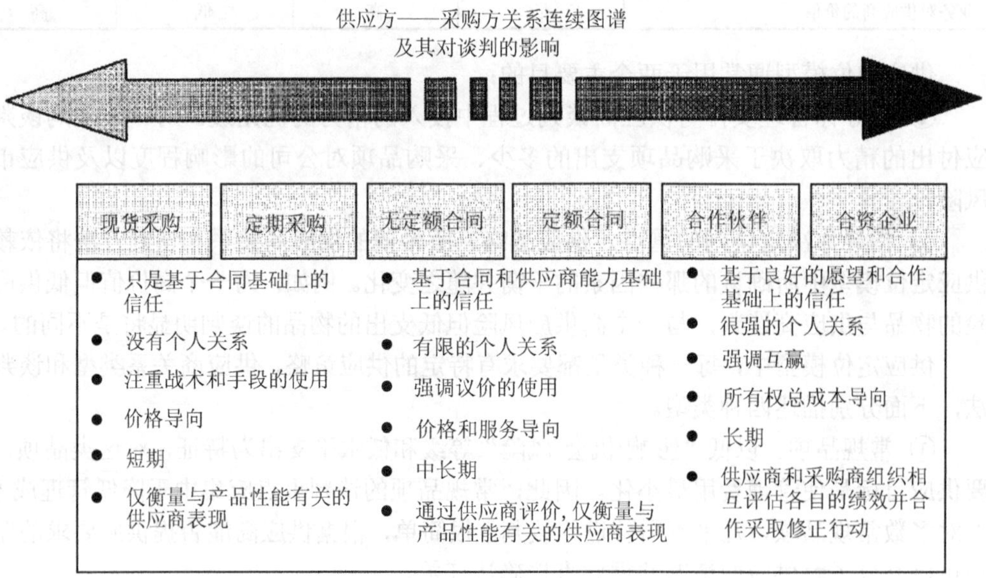

图 3.6　不同类型的供应商关系

2. 分析价格和成本

价格和成本实际上是每个谈判的核心要素，因此，选取准确的和最新信息是非常重要的。

（1）定价方法

有三种定价方法：

1）成本定价。供应商可以用各种生产投入的成本作为产品和服务的定价基础，这称之为成本定价。成本定价经常用在采购设备和工业品的情况。

2）需求定价。供应商有时并不是根据产品或服务的成本来定价，而是以他们认为的采购商依据其供应选择能够承担且愿意支付的数额来定价。这使得采购商能接受远远高于实际成本的价格。

3）报价低于成本。除了密切注意价格过高的情况之外，采购商也需要警惕报价过低的情况出现，发生这种情况的原因主要有：

① 供应商不惜以降低成本来获得第一笔业务，进而使采购商陷入对未来一系列后续供应（如零部件）的依赖。

② 供应商面临财政困难迫切需要进行销售。

③ 商品质量不达标，陈旧过时或其不可靠的属性。

为避免这些风险并在谈判中采取强有力的措施从而获得合理的价格，应尽可能对所采购的商品或服务进行价格列表分析或确认实际的成本。这就要求采购商能够获得、分析并了解必要的价格和成本信息。

（2）建立成本模型

谈判前应建立所采购物品的成本构成的框图——成本模型，所采购物品的总成本主要由下列要素构成：

① 原材料成本。

② 直接劳动力成本。

③ 管理费用。

④ 利润。

掌握成本分析和价格分析的综合知识，是对所有采购经理的基本要求之一。

供应商常常不是根据成本来为产品或服务定价，而是根据他们认为采购组织有能力负担的程度定价。

在招标阶段，当我们要求供应商提供报价时，应当要求供应商提供他们的费用明细表，来识别与所采购货物或服务有关的成本结构。

图 3.7 是一个用饼图表示供应商的成本分布的实例。

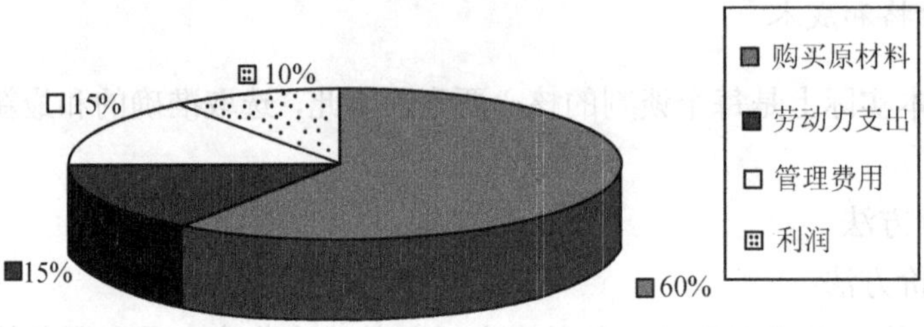

图 3.7 成本模型

如图 3.7 所示，劳动力成本占总价格的 15%，材料占 60%，管理费用占 15%，而利润占 10%。

3. 获取成本和价格的市场信息

谈判前，应尽可能多地从市场获得采购品项的价格和成本信息，这有助于你形成独立的判断去评估供应商的报价，并设定自己的供应价格/成本目标。

获取价格和成本信息的方式主要有：

1）报价。谈判之前，可以要求潜在的供应商给出报价，与谈判方的价格进行比较。

2）参考价格。可以通过其他供应商的目录、已出版的行业和市场调查、专业行业协会、因特网等途径获得，作为谈判时的参考价格。

3）趋势分析。通过已有的统计方法和工具去获取过去发生的信息，并以此推测将来的趋势，这些方法和工具能够用来分析所能得到的关于价格和成本的信息。

4）专家的独立评估。在签订合同前，聘请一个专家来进行必要的成本估价，是获取价格和成本信息的方式之一。

4. 供应商评价

供应商评价是采购和供应过程非常重要的一个方面，在开始一个重要谈判之前必须仔细评估供应商的能力和兴趣。这个评估将有助于决定与即将进行谈判的供应商是否可能达成所希望的供应商关系。

（1）评价供应商的能力和策略

1）潜在供应商分析。对一个潜在供应商的分析通常应从以下方面来进行：

① 技术能力：如生产技术、用于研究和开发的投资和专利等。

② 财务状况：如信用等级、财务比率以及其他反映财务状况的指标。

③ 市场运作能力：如分销系统、售后服务和技术支持。

④ 管理能力：如管理体系、专门技术和其他相关的方面。

⑤ 管理文化和风格：如开放性、伦理道德、决策过程和柔性。

⑥ 行业关系：如人员流失率、劳资争端等。

2）供应商获得竞争优势的方法。确定供应商所使用的实现竞争优势和获得市场领先的策略是有用的，这可以使你了解供应商的优势和兴趣。供应商通常可以采用下一个或多个方法来获得超过竞争对手的竞争优势：

① 成本领先：即用竞争性的价格来销售产品和服务。

② 差别化；即将自己的产品和服务集中在与那些相竞争的产品和服务的不同之处，如通过技术创新或形成特色。

③ 可靠性：即质量、交货和支持服务。

（2）供应商如何看待企业

谈判前除了要考察与某一个特定供应商开展业务的利弊一样，还应该认识到供应商也会把企业作为一个潜在的业务伙伴来看的兴趣有多大。在整个谈判过程中供应商如何看待公司是要考虑的基本事实。

供应商主要考虑两个因素：业务的价值和其吸引程度。尽管业务对供应商有较高的价值，可是仍然有多种原因导致其缺乏吸引力，如无利可图、会给供应商带来很多问题（例如，繁琐的程序、延期支付、必须处理的腐败问题等），或者会涉及到供应商正在淘汰的产品线。

图 3.8 是供应商感知模型，按照供应商看待客户的方法将其分成四组：

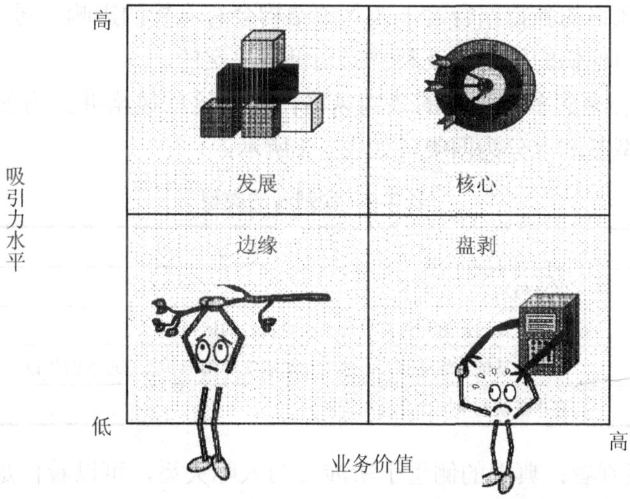

图 3.8　供应商感知模型

1）边缘。如果公司的业务相对低或者业务很少发生，而且公司的业务也没有什么吸引力，那么供应商会把业务放在可有可无的地位。与供应商发展关系的努力不大会成功。同这样的供应商谈判是真正的挑战。

② 盘剥。虽然公司业务对于供应商很重要，但业务本身或许由于这样或那样的原因，没有很大的吸引力。如果是这种情况，供应商只会视其为一次性的业务机会来开发，没有任何长期的优势。在这种情况下，供应商可能会索要更高的价格。

③ 发展。采购业务对供应商具有很大的吸引力，供应商希望依靠采购商随时间推移而不断增加的购买而与之建立一种长期的关系。为达此目的，供应商可能会通过一些市场手段或定价折扣来鼓励购买。这种情况会使谈判对购买者非常有利。

④ 核心。采购商的业务对供应商是“核心”业务，在这种情况下，供应商的目标是维持同采购商的关系并增加这些销售在其营业额中的份额。所以，同这种类型的供应商谈判通常要考虑以建立长期关系目标为基础。

简言之，供应商谈判前后的绩效一方面取决于实现所预期目标的能力的高低，另一方面取决于由此目标而引发的动机的强弱。因此，作为采购商，不仅要寻找一个有实力的供应商，而且要找到一个有强烈动机为你提供产品的供应商。

5. 了解谈判所涉及的人员

谈判前需要了解谈判中所涉及的人员及其特点，包括以下内容：

（1）谈判风格

个性和谈判风格的独特结合对于谈判的结构会有直接的影响。同时，代表供应商的人员行为表现是由他们的能力以及利益或动机所决定的。

作为采购商会遇到多种不同的谈判风格，了解这些风格并知道如何应对是很重要的。谈判者的类型基本上分为四类，如表 3.2 所示。

表 3.2　谈判者的类型

人员类型	定　义
热情型（warm）	容易与别人建立关系的人
强硬型（tough）	对所涉及的问题和人都很苛刻的对抗性的谈判者
理智型（logical）	一般总是依靠信息的人，通常凭借事实和图形并进行理性的争论
生意型（dealer）	喜欢在谈判中进行讨价还价的人

① 热情型谈判者：典型的侧重于所涉及的人际关系，可以看作是开放的、易接近的和一个好的倾听者。

② 强硬型谈判者：是那种容易充当领导角色，其决策力和果断有时会受到欢迎的人。

③ 理智型谈判者：周密且讲究方法，关注细节、事实和图表以及他们的内部关系。

④ 生意型谈判者：很容易发现机会并能迅速做出决策，喜欢讨价还价。

上述的谈判风格也可以认为是不同谈判方法的示例。但也要避免一个误区，即认为所有的谈判对手都可以归类到以上的这种或那种风格中。

（2）立场和利益

立场是预先表达的，通常是非常明确表达的内容；而利益则隐藏在这些立场之后，能激发个人和组织的需要。利益并不总是明显的或易于了解的，事实上，它们有时候是故意被隐藏起来的。

表 3.3 显示了立场和利益的不同。

表 3.3 立场和利益的区别

立　场	利　益
● 你所说的你想要的东西 ● 需求 ● 你所说的你将要的东西	● 潜在的动机 ● 需要和关注 ● 机遇和渴望

在考虑立场和利益的问题时，谈判中的组织和个人是特别要关注的。这是因为采购商不仅要考虑供应商组织的立场和利益，而且要考虑那些代表组织进行谈判的个人的立场和利益。这些利益不必是相同的，例如，供应商组织可能希望增加销售额，而销售代表可能想要得到提升。一般来说，个人和组织的利益是一致的，如销售代表若能增加公司的销售额就会得到提升。但实际情况并不总是这样，如销售代表实际上是希望在你的公司谋取新的工作。

在准备和规划一个谈判时，必须仔细考虑公司的利益是什么，之后还要创造性地考虑应在一个怎样的范围内进行选择和调整立场，来保证你的最佳利益的实现。同时，也要考虑供应商组织及其代表的利益可能是什么。也可以试着设想一下他们可能的谈判立场，如果在谈判前收到了他们的报价，这个报价中的内容会很明显地表明他们最初的立场。

设想和理解对方的利益和立场需要很强的领会力。在积极考虑双方需求的同时，在谈判期间还应尽力创造这些利益的最具建设性的方法。

可以通过以下方法来挖掘潜在的利益：

① 设身处地地思考。

② 多问“为什么”。

③ 多问“为什么不”。

6. 了解谈判中各方参加人员之间的力量平衡

谈判的结果取决于买卖双方的力量对比。有两种类型的力量可能对谈判产生重要的影响。一个是组织力量，另一个是个人力量。

（1）组织力量

组织力量包括：

1）市场竞争力。这与竞争的程度相联系，一般而言，供应商或采购商所面临的竞争越少，他的地位就越有利。

2）相对价值：反映交易双方对谈判各方的相对重要性，如果它对你很重要，但对供应商不重要，那么你很可能处于劣势，反之亦然。

3）财力：双方财力资源可利用的程度将影响他们的谈判能力。

4）声誉影响：由于经济实力以及社会、政治、伦理和技术领先等方面的原因，一方具有强势地位。在这种情况下，另一方可能会愿意在谈判中做出更大的让步，以此来达到通过与有良好声誉的组织建立联系来提高自身声誉的目的。

5）时间力：时间充裕的一方会更加有利。因此，应急采购的一方会处于不利的谈判地位。

6）激励能力：如果谈判成功，双方提供给对方优惠的能力。例如，优惠或许包括以后达成更加重要的后续合同的可能性。

（2）个人力量

实力对比既可以从组织的层面来确定，也可以从参与谈判的人的个性中获得。个人力量包括：

1）职位力：授权的程度。

2）专家力：关于产品的专业能力。

3）信息力：与谈判问题有关部门的详细信息的占有情况。

4）破坏力：停止或破坏谈判的可能性。

5）领导力：领导技能和沟通能力。

6）交往力：关系网络。

在权衡谈判双方实力时可能会犯一些共同的错误，例如：

① 低估自己的实力。

② 高估自己的实力。

③ 认定对方知道（或不知道）你的弱点/问题/最后期限。

④ 认定对方自然处于强势地位。

7. SWOT 分析

SWOT 是一种分析工具，用来分析可能对谈判造成影响的内部和外部因素。这一缩写代表的是：优势（strengths）、劣势（weakness）、机会（opportunities）、威胁（threats）。优势和劣势是组织内在的，机会和威胁则与已识别出的问题有关。

通过 SWOT 分析，组织应扬长避短、发挥优势、抓住机会、克服威胁。

SWOT 分析可以用图 3.9 表示。

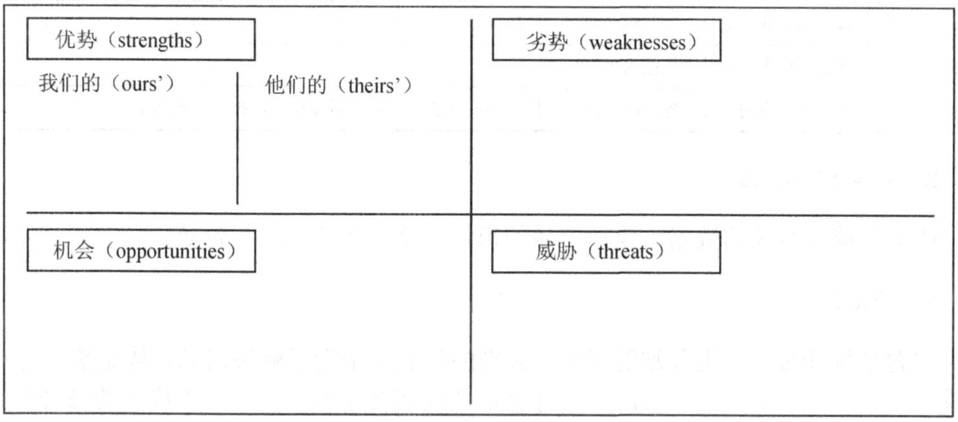

图 3.9　SWOT 分析

8. 制定谈判计划

根据以上的分析，制定谈判计划。这是谈判准备的最后一项工作。

3.2.3　制定谈判计划的工作流程

制定谈判计划的基本步骤如图 3.10 所示。

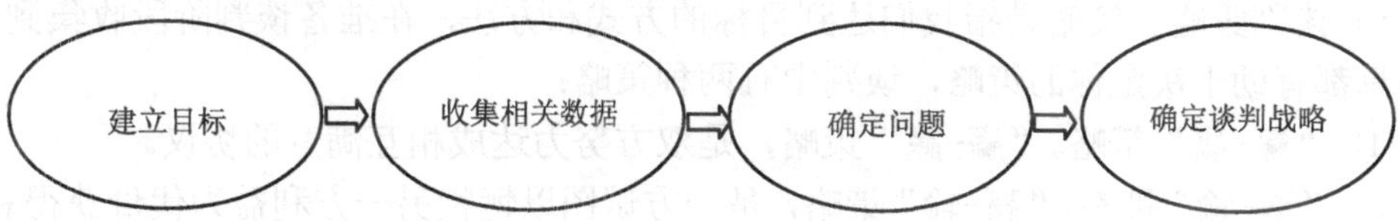

图 3.10　制定谈判计划的步骤

3.2.4　工作步骤和说明

1. 建立希望通过谈判达到的目标（成果）

谈判目标是谈判中要力求达到的可以计量的结果。与特定供应商谈判要达到的目标应该同公司的总体目标以及采购职能目标完全一致。谈判目标应该回答这样的问题："通过谈判我想实现什么。"一般可以把谈判目标分为三个层次：基本目标、中等目标、最高目标。对于采购谈判来讲，其目标如表 3.4 所示。

表 3.4　谈判目标

目标层次	具体描述
基本目标	满足本企业对原材料、零售件或产品的需求量、质量和规格等
中等目标	满足价格水平、经济效益水平等
最高目标	考虑供应商的售后服务情况、例如：供应商的送货、安装、质量保证、技术服务活动等

2. 收集相关数据

收集与谈判有关的数据，包括产品的市场价格、供应商的报价等。

3. 确定问题

问题是预计可能产生分歧的事项。谈判的目的就是为了解决问题，从而签一份双方都满意的合同。例如，如果供应商宣称制造的间接费用率是直接人工成本的 300%，而你的分析表明实际的间接费用率是 240%，这就构成了一个需要通过谈判来解决的问题。

4. 确定谈判战略

（1）谈判战略的内容

确定谈判战略包括：首先应该讨论什么问题？在哪些方面采购者愿意妥协？谈判团队(通常由管理和质量控制人员组成，由采购者领导)由哪些人员组成？为每一个目标确定范围和指标，从而制定谈判者感觉能够实现的合理目标。采取什么样的谈判策略？谈判战略的内容包括：

1）谈判策略。策略是指我们达到目标的方式和方法，在准备谈判阶段收集到的所有信息都有助于决定你的策略，谈判中有两种策略：

①“赢-赢”策略。“赢-赢”策略，是双方努力达成相互满意的协议。

②“赢-输”策略。“赢-输”策略，是一方试图以牺牲另一方利益为代价获得利益。

“赢-赢”策略、“赢-输”策略，这两种类型策略的谈判代表两种相反的风格。表 3.5 列出了这两种策略的差异。

表 3.5　“赢-赢”策略、“赢-输”策略对比

项目＼策略	赢-输	赢-赢
强调	竞争	合作
基于	对抗/对质	共同利益和共同目标
采用方法	不灵活性	灵活性
最终结果	一方“击败”另一方	共同解决问题
适合于	一次性的、短期交易	长期合同

2）谈判战术。谈判策略要求准备一套在谈判中使用的战术，战术是在谈判过程中使用的，为我们的目的服务的一整套具体的技术。但是战术本身不是最终的目的，它们必须有助于提升你的谈判策略。谈判期间，可以采用很多战术来帮助达到谈判目标。下面列出了一些可以使用的战术：

① 积木战术。即一步一步地逐渐要求更好的报价（额外的数量、更长的期限、增加的范围，等等）。

② 沉默。当你提出一个问题时，等待回答。沉默可以给对方很大的压力。

③ 休会。如果谈判已陷入僵局，或对方提出你所不希望的出价，那么可以要求休会，给你的团队开一个短会，以决定如何推进谈判。

④ 分而治之。设法使供应商团队中观点产生分歧。

⑤ 最后一点。这一战术用来使供应商在即将达成交易时再做一些让步。

（2）安排采购谈判议程。

谈判议程及谈判的议事日程主要是说明谈判时间的安排和双方就哪些内容进行磋商，包括：

① 确定采购谈判主题。

② 安排采购谈判时间。

（3）制定谈判备选方案

通常情况下，在谈判过程中难免会出现意外的事情，令谈判人员始料不及，影响谈判的进程。因而在谈判前应对整个谈判过程中双方可能做出的一切行动进行正确的估计，并依此设计出几个可行的备选方案。

（4）选择谈判队伍

谈判队伍的选择就是指在对谈判对手情况以及谈判环境诸因素充分分析研究的基础上，根据谈判的内容、难易程度选择谈判人员，组织高效精干的谈判队伍。

1）选择谈判队伍的原则。包括两项原则：

① 首先根据谈判的内容、重要性和难易程度组织谈判队伍。在确定谈判队伍阵容时，应着重考虑谈判主体的大小、重要性和难易程度等因素，依此来决定选派的人员和人数。一般而言，对于较小型的谈判，谈判人员可由2～3人组成，有时甚至由1人全权负责；而对于内容较为复杂且较重要的大型谈判，由于涉及的内容广泛、专业性强、资料繁多、组织协调的工作量大，所以配备的人员数要比小型谈判多得多。

② 根据谈判对手的具体情况组织谈判队伍。在对谈判对手的情况做了基本了解以后，就可以依据谈判对手的特点和作风来配备谈判人员。一般可以遵循对等原则，即己方谈判队伍的整体实力与对方谈判队伍的整体实力相同或对等。

2）谈判人员的选择与配备。在通常情况下，参加采购谈判的人数往往超过1人，从而组成谈判小组。因为对于复杂的较为重要的谈判来讲，首先可以满足谈判中多学科、多专业的知识需求，取得知识结构上的互补与综合优势；其次，可以群策群力、集思广益，形成集体的进取与抵抗的力量。

实际谈判活动中，在做此项工作时应注意：

① 在确定具体谈判人选时，尽量选择“全能型的专家”，即通晓技术、经济、法律和语言四方面的知识，能够专长于某一个方面的人。

② 在确定谈判小组具体人数时，要以上述谈判队伍组成的原则为指导思想，合理确定谈判小组的规模，同时也要兼顾谈判小组的工作效率。一般情况下，谈判小组由3～5人组成。

3）谈判人员的分工与合作。在确定了具体谈判人员并组成谈判小组之后，就要对其内部成员进行分工，确定主谈与辅谈。主谈是指在谈判的某一阶段，或者对某一方面或几个方面的议题，以他为主进行发言，阐述我方的观点和立场；辅谈是指除主谈以外的小组其他成员及处于辅助配合的位置。

主谈与辅谈人员在谈判过程中并不是各行其是，而是在主谈人员的指挥下，互相密切配合。总之，既要根据谈判的内容和个人的专长进行适当的分工，明确个人的职责；又要在谈判中按照既定的方案相机而动、彼此呼应，形成目标一致的谈判统一体。

（5）确定谈判地点

谈判地点的选择有三种情况：己方所在地、对方所在地、双方之外的第三地。对于最后一种情况往往是双方在参加产品展销会时进行的谈判。三种地点选择有利有弊：

1）己方所在地。选择己方所在地的优缺点包括：

① 优点。以逸待劳，无需熟悉环境或适应环境这一过程；随机应变，可以根据谈判形式的发展随时调整谈判计划、人员、目标等；创造气氛，可以利用地利之便，通过热心接待对方，关心其谈判期间生活等问题，显示己方的谈判诚意，创造融洽的谈判氛围，促使谈判成功。

② 缺点。要承担繁琐的接待工作；谈判可能常常受己方领导的制约，不能使谈判小组独立地进行工作。

2）对方所在地。选择对方所在地的优缺点包括：

① 优点。不必承担接待工作，可以全心全意地投入到谈判中去；可以顺便实地考察对方的生产经营状况，取得第一手的资料；在遇到敏感性的问题时，可以说资料不全而委婉地拒绝答复。

② 缺点。要有一个熟悉和适应对方环境的过程；谈判中遇到困难时。难以调整自己，容易产生不稳定的情绪，进而影响谈判结果。

3）双方之外的第三地。选择双方之外的第三地的优缺点包括：

① 优点。对于双方来说在心理上都会感到较为公平合理，有利于缓和双方的关系。

② 缺点。由于双方都远离自己的所在地，因此在谈判准备上会有所欠缺，谈判中

难免会产生争论，影响谈判的成功率。

（6）安排与布置谈判现场

在己方所在地进行谈判时，己方要承担谈判现场的安排与布置工作。为了能充分利用上述优点，在做此项工作时，也要讲求科学和艺术，为己所用。具体操作时应注意：

1）最好能够为谈判安排三个房间。一间作为双方的主谈判室，另外两间作为各方的备用室或休息室。主谈室作为双方进行谈判的主要场所，应当宽敞、舒适、明亮，并配备应有的设备和接待用品。备用室或休息室作为双方单独使用的房间，最好靠近谈判室，也要配备应有的设备和接待用品，同时也可以适当配置一些娱乐设施，以便双方缓和一下紧张的气氛。

2）谈判双方座位的安排也应认真考虑。通常有两种座位安排方式：双方各居谈判桌一边，相对而坐；双方谈判人员随意就座。两种安排方式各有千秋，要根据实际情况加以选择。

（7）模拟谈判

为了提高谈判工作的效率，使谈判方案、计划等各项准备工作更加周密，更有针对性，在谈判准备工作基本完成以后，应对此项准备工作进行检查。在实践中，行之有效的方法就是进行模拟谈判。有效的模拟谈判可以预先暴露己方谈判方案、计划中的不足之处及薄弱环节，检验己方谈判人员的总体素质，提高他们的应变能力，达到减少失误，实现谈判目标。

谈判双方可以由己方谈判人员与己方非谈判人员组成，也可以将己方谈判小组内部分为两方进行。

知识链接

沟通技巧

任何沟通都由三部分组成：

① 说什么？

② 如何说？

③ 说话的时候如何表现？

各种研究表明，“说什么”对于沟通的总体影响程度很小，“如何说”排在其后，“说话的时候如何表现”对沟通影响的程度最大。这包括你所表现出的行为和态度的类型，如与强硬和傲慢态度相对照的可以是热情的、开放的、感兴趣的和友好的态度。很显然，你的表现会在很大程度上影响你的谈判能力。

人们在谈判中采用的沟通技巧包括口头语言和肢体语言。

（1）口头语言

提问是进行有效沟通的关键工具。谈判的各个阶段意味着为达成协议可以提出各种类型的问题。可以采用以下几个普通的技巧：

1）开放型问题。以疑问词开头，比如“谁”、“为什么”“什么”、“怎样”等，回答方不能用简单的“是”或“不是”回答，而要回答更多内容。例如：“你为什么那样认为？”

2）封闭型问题。这类问题通常需要用简单的“是”或“不是”来回答，例如，“你能在12号之前交货吗？”

3）诱导型问题。鼓励对方给出你所希望的答案。例如，“你是不是更喜欢×××？”

4）奉承型问题。带有奉承的色彩，例如，“你或许愿意与我们分享你在这方面的知识？”

5）窗口型问题。询问对方的见解，例如，“何出此言？”

6）指示型问题。切中主题。例如，“价格是多少？”

（2）肢体语言

肢体语言通过发出对方可以接收的信息把谈判者联系起来，非口头行为包括三个相互联系的方面：

① 眼神交流。

② 身体位置。

③ 鼓励。

表3.6是非口头行为所表达的态度的举例。

表3.6 肢体语言所表达的态度

态　　度	非口头行为举例
厌倦	强忍住的哈欠、眼皮打架、眼神交流减少
欺骗	面无表情、躲避眼神交流、身体转向其他方向、语调发生变化
防卫	两臂交叉在胸前、手掌藏起来、双拳紧握
怀疑	以手掩口、抚摸下巴胡须、挠头
受挫	握紧松开拳头、握紧桌子、紧闭双唇
紧张	频频咽口水、舔嘴唇、清嗓子、出汗、咬指甲
愿意	身体前倾、手掌展开、两臂不交叉、点头

但需要注意的是，某种行为或许反应了一定的文化模式，并不是人们的态度。忽视文化背景是很危险的。

电话谈判

许多谈判都可以通过电话进行，尤其是当交易的性质不值得花费时间和交通成本时更应如此。通过通信设施的改善和费用的降低，电话谈判会变得很方便。

不断改进的技术也带来了远程电话会议甚至视频会议的出现，这很可能会更进一步地减少直接出席谈判的需求。

电话谈判主要是针对那些与要求面对面谈判的业务相比更简单的业务。因此，尽管一般采用的是简化的谈判方法，但这个模块涉及的很多要点仍是可行的。以下是进行电话谈判的几点特殊建议：

① 在打电话前要列出所讨论的问题要点。

② 如果对方有要求要事先发送信息。

③ 确保在打电话时手边已准备好笔和纸。

④ 确认你所希望与之谈话的人在那个特定的时间点上无其他事情，如果不能确认，可以要求一个方便的时间并商定在那个时间由谁打电话。

⑤ 如果在特定的时间点上对方有时间而你却没有时间时，你会在某一时间回电话并要遵守诺言。

⑥ 如果有的话，要考虑时差。

⑦ 谈话要慢速和清楚。

⑧ 不要插话，特别是电话线路不好的时候。

⑨ 建议并达成一个电话讨论的议程。

⑩ 根据议程完成工作。

⑪ 最后，概括所讨论和/或协商的内容。

⑫ 保存谈话的书面记录。

⑬ 作为后续措施，要通过一个书面的确认。

小　结

本节介绍了采购谈判的定义、采购谈判计划的内容和制定采购谈判计划的基本步骤。

相关作业

画图说明制定采购谈判计划的步骤。

本 章 小 结

所有的谈判都既有经济上的要求又有心理上的要求，满足这两种要求对于获得一个双赢的结果是十分重要的。团队化、单一货源、合伙和授权的发展趋势，迫切地要求负责采购供应的人员成为超级的谈判专家。因为不论是同供应商还是在自己的组织内部，都需要进行谈判。实际上，组织内部为获得合作和供应优先权而进行的谈判比与供应商进行的谈判更具挑战性。

本章对谈判的定义、谈判的目标、谈判的内容和谈判的计划进行了详细的介绍。

案例分析

如何确定谈判人员

最近，美国一个主要的汽车制造商正准备和一个重要的电子器件供应商谈一项长期合同。供应商开发了一项新技术，使得客户可以通过车辆上的声音激活功能，接入到因特网上。这种技术被看作是“尖利的刀刃”，并将成为汽车公司竞争优势的主要来源。两个公司的谈判已经进行了几个月，但并未达成一致意见，陷入了僵局。电子器件供应商拥有这项技术的唯一专利权，从而增加了谈判的难度。当电子器件供应商派来律师谈判组而不是销售人员或工程技术人员时，谈判达到了崩溃的边缘。

律师们使用一种汽车公司技术谈判组完全不明白的语言，提出了有关排他性条款、保密协议和技术所有权方面详细而明确的要求。当时汽车公司的谈判组不仅没有继续谈判，而且立刻起身离开了会场。当听到这一消息，采购主管马上打电话给电子器件供应商的技术副总经理，要求他们派一组由技术和销售主管人员组成的谈判组代表供应商进行谈判，派遣律师组谈判不仅带来了对抗，而且如果真的继续进行的话，很可能使整个谈判终结。电子器件公司的技术副总经理首先对出现这一局面表示歉意，并且声明并不知晓让律师代表公司进行谈判的情况。

接下来的谈判由电子器件供应商的一组工程技术人员出席，他们主要讨论的是这一技术在未来新型车辆平台上应用的问题。谈判因此取得了成功，并且最终达成了一项非常有益的合同。合同通过排他性条款，规定汽车制造商将是这一技术的唯一使用者，而且，合同包含对这一含有新技术的智能型财产，双方共同拥有所有权的文字性说明。合同的最后还有一点说明，电子器件供应商必须在未来继续供应这一技术，如果供应商做不到这一点，而汽车制造商的另一竞争对手开发了一项性能更为优越的类似技术，供应商必须从竞争对手那里得到这一技术的授权许可，并将它以原先谈判的价格卖给汽车公司。

【分析】

① 采购谈判一定要选择好谈判的参与者。案例中，由于刚开始的谈判参与者选择不当，双方的谈判几乎破裂。因此，双方的谈判是一个双方沟通和交流的平台，只有双

方能进行深入的沟通，才能取得满意的结果。

② 在签订合同尤其是长期合同时，要做好风险的防范工作，即要运用条款来保护自己的权益。案例中，双方签订的是一个高科技的长期采购合同，风险比较大，因此，采购方事先规定了售后服务条款，既可以推动供应商进行产品的更新换代，又有效地防范了风险。

对于采购人员来说，购买商品和服务是他们的职责，所以经常要和合同打交道，当然，这时也免不了要和对方进行谈判工作。因此，采购经理要对采购经营交易中的一些基本的法律知识有一定的了解，并用其落实采购条款，解决矛盾争端。同时，采购经理也要具备良好的谈判技能，只有这样，才能提高采购工作的绩效。

思考与练习

1．简述谈判并描述谈判的特征。

2．设想一个典型的汽车供应情景，对于和某一供应商达成协议，你都有什么选择？这些选择是如何影响你的谈判的。

3．对下面问题类型各举出一例：

（1）开放型问题

（2）诱导型问题

（3）封闭型问题

4．描述谈判的时机以及谈判的内容。

第4章 采购定价与合同

学习目标

通过本章的学习，你应该能够：熟悉价格的影响因素，识别供应商的定价方法，描述确定采购价格的程序，说明采购定价与采购成本的关系，熟悉采购成本降低的方法，熟悉采购合同的基本内容，理解采购合同的效用与签订原则，熟悉采购合同的履行过程。

4.1 采购定价

案例导入

IBM 采购成本的控制

全球 IT 行业巨头 IBM 公司过去也是用“土办法”采购：员工填单子，领导审批，投入采购收集箱，采购部定期取单子。企业的管理层惊讶地发现，这是一个巨大的漏洞——繁琐的环节，不确定的流程，质量和速度无法衡量，无法提高，非业务前线的采购环节已经完全失控了，甚至要降低成本都不知道如何下手。

摆在 IBM 公司面前的问题是运营成本如何减少，可能降低采购物品的哪个成本？这一任务经过 IBM 全球各机构的统计调查和研究分析，价格成本逐渐显露出来。采购定价成为 IBM 控制成本的重点研究对象。

必备的理论知识

4.1.1 采购定价的定义和地位

采购定价是指企业在采购前确定供应商的过程中，根据适合的价格及结算方式确定产品最终价格的过程。

采购定价直接决定了企业的采购成本，在采购业务过程中处于前期业务范畴，是采购整体过程与绩效的基础和基本保证。

4.1.2 知识储备

1. 影响供应价格的因素

供应价格是指供应商对自己的产品提出的销售价格。影响供应价格的因素主要有成本结构和市场结构两个方面。成本结构是影响供应价格的内在因素，受生产要素如原材料、劳动力价格、产品技术与产品质量等成本的影响；而市场结构则是影响供应价格的外在因素,包括经济、社会政治及技术发展等。市场结构对供应价格的影响直接表现为供求关系，市场结构会强烈影响成本结构，所以我们把影响供应价格的因素分析如下：

（1）供应商成本的高低

供应商成本的高低是影响供应价格最根本、最直接的因素。采购价格一般在供应商成本之上，两者之差即是供应商获得的利润，所以供应商成本是采购价格的底线。一些采购员认为的采购定价完全凭双方谈判的观点是错误的，尽管经过谈判供应商大幅度降价的情况时常出现，但是如果不预测供应商成本，将无法取得最合适的采购定价。

（2）规格与品质

采购方对采购品的规格要求越复杂，采购价格就越高。价格的高低与产品的品质也有很大关系，品质差的产品降价的幅度都比较大。

（3）采购数量

如果采购数量大，采购方一般都可以享受供应商的数量折扣，从而降低采购的单位价格，因此大批量、集中采购是降低采购价格的有效途径。

（4）交货条件

交货条件主要包括运输方式、交货期的缓急等。如果货物由采购方来承运，则供应商就会降低价格，反之就会提高价格。有时为了提前获得所需货物，采购方会适当提高价格。

对于国内采购而言，尽管地区、商业环境、时间与人力关系等方面有所不同，但其价格变动还是比较容易预测与控制的。而对于涉外采购而言，来自世界各地市场的供应关系以及其他许多因素，包括规格、服务（如机器设备的长期服务）、运输及保险、交货期限等，都对价格有相当大的影响。

（5）付款条件

在付款条件上，供应商一般都会规定有现金折扣、期限折扣，以刺激采购方能提前用现金付款。

（6）采购物品的供需关系

当企业需采购的物品为紧俏商品时，则供应商处于主动地位，价格会比较高；当企业需采购的商品处于供过于求，则采购方处于主动地位，可以获得最优的价格。

（7）生产季节与采购时机

当企业处于生产旺季的时候，对原材料等需求紧俏，因此不惜承受高一些的采购价格。避免这种情况的最好办法是提前做好生产计划，并根据生产计划制定出相应的采购计划，把握好最佳的采购时机，为生产旺季的到来提前做好准备。

（8）采购方与供应商的关系

与供应商关系较好的采购方一般都能拿到较低的价格，所以作为采购方应建立相应的供应商网络，做好供应链分析与管理。

2. 采购价格折扣

折扣是工业企业产品销售中常用的促销方式，了解折扣种类有助于采购方在与供应商的谈判过程中降低采购价格。

（1）付款折扣

现金付款比月结等其他付款方式的采购价格通常要低，此外以坚挺货币（如美金）付款比其他货币付款具有价格优势。

（2）数量折扣

数量小的订单其单位产品成本较高，所以很多供应商设置了数量折扣以及最小批量要求。

（3）地理折扣

多数跨国生产的供应商在销售时实行不同地区的不同价格的地区差价，对于地理位置有利的客户给予折扣优惠。此外，如果供应商的生产地或销售地接近购买方时，也可因交货运输费用低等原因给予地理折扣。

（4）季节折扣

购买方在销售淡季给供应商下订单往往能得到季节折扣。

（5）推广折扣

供应商会为了推销产品、刺激消费、扩大市场份额等原因推广新产品或做降价促销。购买方策略的利用推广折扣是降低采购定价的一种方式。

3. 采购价格的种类

（1）送达价

送达价是指供应商的报价当中包含负责将商品送达企业的仓库或制定地点时，期间所发生的各项费用均由供应商承担。

送达价以国际惯例而言，即到岸价加上运费（包括在出口厂商所在地至港口的运费）和货物抵达卖方之前一切运输保险费，进口关税、银行费用、利息以及报关费等。这种送达价通常由国内的代理商，由国外原厂进口货物后，以人民币报价方式（形同国内采购），售给买方，一切进口手续皆由代理商办理。

（2）出厂价

出厂价指供应商的报价不包括运送责任，即由企业雇佣运输工具，前往供应商处提货。这种情形通常出现在企业拥有运输工具或者供应商加计运费偏高时，或值卖方市场供应商不再提供免费的运送服务时。

（3）现金价

现金价指以现金或相等的方式支付货款，但是“一手交钱一手交货”的方式并不多见。现金价可以使供应商免除交易风险，企业亦享受现金折扣。

（4）期票价

期票价指企业以期票或延期付款的方式来采购商品。通常企业会把延期付款期间的利息加在售价当中。如果卖方希望取得现金周转，会将加计的利息超过银行利率，以使供应商舍期票价取现金价，另外，从现金价加计利息变成期票价，用贴现的方式来计算价格。

（5）净价

净价指供应商实际收到的货款，不再支付任何交易过程中的费用。净价在供应商的报价单条款中通常会写明。

（6）毛价

毛价指供应商的报价可以因为某些因素加以折让。

（7）现货价

现货价指每次交易时，由供需双方重新议定价格，若签订有买卖合约，亦可以完成交易后即告终止。在企业众多的采购项目中，采用现货交易的方式最频繁；买卖双方按交易当时的情形进行，不必承担预立约后价格可能发生的巨幅波动的风险或困扰。

（8）合约价

合约价指买卖双方按照事先议定的价格进行交易，合约价格涵盖的期间依契约而定，短的几个月，长的一二年。由于价格议定在先，经常造成时价或现货价的差异，使买卖时发生利害冲突。因此合约价必须有客观的计价方式或定期修改，才能维持公平、长久的买卖关系。

（9）实价

实价指企业实际上所支付的价格。特别是供应商为了达到促销的目的，经常提供各种优惠的条件给买方。如数量折扣、免息延长付款、免费运送等，这些优待都会使企业的采购价格降低。

4. 采购成本降低的策略与方法

（1）采购成本降低受到重视的原因

由于近年来受到全球金融风暴的影响，国内笼罩在外贸出口衰退的阴影下，根据经济部门最新完成于 1987 年 7 月份公布的一项调查“制造业经营实况分析”结果发现，在制造业中有高达 63.49%的业者认为，市场竞争激烈是经营上所面临最大的困难，其次依序为汇率变动不稳，工资太高，基层劳力不足，市场需求停滞以及管理及技术人才不足。

由此可见，企业在面临国际间日益激烈的竞争，产品生产周期逐渐地缩短，消费者的产品需求多样化，以及产品技术层次不断提升的压低下，如无法有效的开源，节流则成为企业因应变局的有效方法之一。尤其在采购占平均销售金额比重逐渐增加的趋势下，降低采购成本，则是采购人员提供企业附加值最直接的方式。

（2）降低采购成本的九大手法

根据统计全美 Fortune200 公司所使用的成本降低手法，最有效果的前十项如下，由于各手法的执行成效因企业而异，以下十项并无优先顺序可言。

1）价值分析。价值工程（value engineering，VE）：针对产品或服务的功能加以研究，以最低的生命周期成本，透过剔除、简化、变更、替代等方法，来达成降低成本的目的。价值分析（value analysis，VA）是使用于新产品工程设计阶段。而价值工程则是针对现有产品的功能/成本，做系统化的研究与分析，但现今价值分析与价值工程已被视为同一概念使用。

2）谈判。谈判（negotiation）是买卖双方为了各自目标，达成彼此认同的协议过程。这也是采购人员应具备的最基本能力。谈判并不只限于价格方面，也适用于某些特定需求时，使用谈判的方式，通常所能期望达到价格降低的幅度约为 3%～5%。如果希望达成更大的降幅，则需运用价格/成本分析，价值分析与价值工程（VA/VE）等手法。

3）目标成本法。目标成本法（target costing）：管理学大师彼得·F.杜拉克（Peter F. Drucker）在企业的五大致命过失（five deadly business sins）一文中提到，企业的第三个致命过失是，定价受成本的驱动（cost-driven pricing）。大多数美国公司以及几乎所有的欧洲公司，都是以成本加上利润率来制定产品的价格。然而，他们刚把产品推向市场，便不得不开始削减价格，重新设计那些花费太大的产品，并承担损失，而且，他们常常因为价格不正确，而不得不放弃一种很好的产品。产品的研发应以市场乐意支付的价格为前提，因此必须假设竞争者产品的上市价，然后再来制定公司产品的价格。由于定价受成本驱动的旧思考模式，使得美国民生电子业不复存在；另外，丰田和日产把德国的豪华型轿车挤出了美国市场，便是采用价格引导成本（price-driven costing）的结果。

4）早期供应商参与。早期供应商参与（early supplier involvement，ESI）是指在产品设计初期，选择让具有伙伴关系的供应商参与新产品开发小组。经由早期供应商参与的方式，新产品开发小组对供应商提出性能规格（performance specification）的要求，借助供应商的专业知识来达到降低成本的目的。

5）杠杆采购。杠杆采购（leveraging purchases，LP）是指根据各事业单位，或不同部门的需求量，以集中扩大采购量，而增加议价空间的方式为之。避免各自采购，造成组织内不同事业单位，向同一个供应商采购相同零件，却价格不同，但彼此并不知的情形，平白丧失节省采购成本的机会。

6）联合采购。联合采购（consortium purchasing，CP）主要发生于非营利事业的采购，如医院、学校等，综合各不同采购组织的需求量，以获得较好的数量折扣价格。这也被应用于一般商业活动之中，应运而起的新兴行业有第三者采购（third-party purchasing），专门替那些需求量不大的企业单位服务。

7）为便利采购而设计。为便利采购而设计（design for purchase，DFP）是自制与外购（make or buy）的策略，在产品的设计阶段，利用协作厂的标准制造流程与技术以及使用工业标准零件，方便原物料取得的便利性，如此一来，不仅大大减少了自制所需的技术支援，同时也降低了生产所需的成本。

8）价格与成本分析。价格与成本分析（cost and price analysis，CPA）是专业采购的基本工具，了解成本结构的基本要素，对采购者是非常重要的，如果采购不了解所买物品的成本结构，就不能算是了解所买的物品是否为公平合理的价格，同时也会失去许多降低采购成本的机会。

9）标准化。标准化（standardization）是指实施规格的标准化，为不同的产品项目和零件使用共通的设计/规格，或降低订制项目的数目，以规模经济量，达到降低制造成本的目的。但这只是标准化的其中一环，组织应扩大标准化的范围至作业程序及制程上，以获得更大的效益。

（3）影响采购成本策略的因素

在选择合适的成本降低手法，拟定采购策略的时候，应同时考虑下列几项采购相关的情况：

1）所采购产品或服务的形态。所采购产品或服务的形态是属于一次性的采购，或者是持续性的采购。这应是采购最基本的认知，如果采购的形态有所转变，策略也必须跟着作调整，持续性采购对成本分析的要求远高于一次性采购，但一次性采购的金额如果相当庞大，也不可忽视其成本节省的效能。

2）年需求量与年采购总金额。年需求量与年采购总金额各为多少关系到在与供应商议价时，是否能得到较好的议价优势。但采购量又与产品所在其生命周期（product life cycle）所处的阶段有直接的关系，产品由导入期、成长期到成熟期的过程中，采购量会逐渐放大，直到衰退期出现，采购量才会逐渐缩小。

3）与供应商之间的关系，从卖方、传统的供应商、认可的供应商，到与供应商维持伙伴关系，进而结为策略联盟，对成本资料的分享方式也不同。如果与供应商的关系不密切，一般而言，是比较不容易得到详细的成本机构资料，只有与供应商维持较密切的关系，彼此互信合作时，才有办法做到。

4.1.3 采购定价流程图

采购定价的过程，可以用图 4.1 来表示。

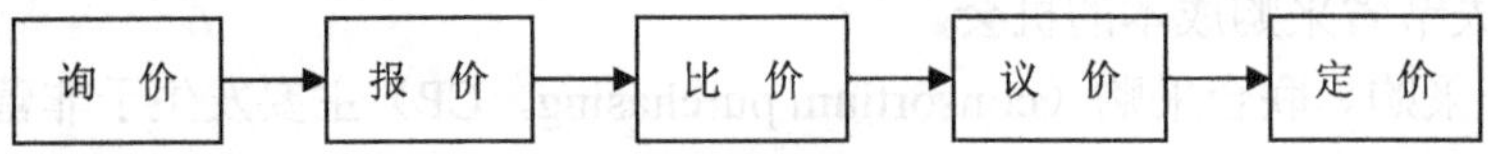

图 4.1 采购定价流程

4.1.4 工作步骤和说明

（1）询价

询价指多方面打探市场行情，包括市场最高价、最低价和一般价格等。询价通常有口头询价与书面询价两种方式。

1）口头询价。指采购人员以电话、电子邮件或当面向供应商说明采购商品的品名、规格、单位、数量、交货期限、交货地点、付款及报价期限等资料，该方法适用于双方经常交易，且规格简单、标准化的商品。

2）书面询价。对于规格复杂且不属于标准化的产品，应采用书面询价的方式，这样可以避免发生语言沟通上的错误。但为了节省双方通信时间，目前许多公司皆使用传真机或计算机将询价单送发给供应商，不但详实而且快速。

在询价的过程中，为使供货商不致发生报价上的错误，通常采购人员应简要附加辅助性的文件，如商品规格说明书、商品分期运送的数量明细表。

（2）报价

供应商在接到询价单后，会作出报价。报价是采购行动的第一步，分为主动报价及被动报价两种情况。就国内目前的商业环境而言，供应商主动报价大约占 90%，企业主动询价大约只有 10%。然而这种做法并非十分正确，采购人员应有主动出击寻求质优价廉的供应来源的能力与意愿。

报价方式有口头报价和书面报价两种。

① 口头报价是供应商以电话或当面向采购人员说明报价内容。报价的商品则以买卖双方经常交易、规格简单且不易产生错误的。这种报价方式系基于双方的互信，“言出必行”，可以节省书面报价所必需的书写或邮寄时间。

② 书面报价是供应商将价格、交货日期、付款方式、交货地点等必要资料填入后，寄给采购部门；但金额较大时，有些公司规定报价单必须以密封方式，寄给稽核或财务单位，以便将来公司拆封比价。

（3）比价

比价主要是指把供应商的报价与采购的底价，供应商过去的报价，供应商商品的成本以及其他供应商价格相比较，以全面地了解供应商的价格，判断其价格是否合理。

比价采购制度就是在“货比三家”的基础上，将采购预算管理、采购计划管理、采购价格审核、采购信息管理和考核奖惩等方面的工作制度化、规范化，形成以企业内部价格审计监控为核心的监督约束制度，最大限度地防止企业物资和资金管理中的漏洞。

通过建立和分解采购订单、供应商档案的维护，动态掌握订单执行情况，有效地管理整个企业的采购业务，及时、准确地保证企业生产所需求的各类物料，快速处理并下达采购计划，控制和节约采购资金，降低采购成本，提高采购活动的效率。

比价采购可以随时查看采购单物料与多家供应商的对照表，通过比较价格、质量等级、交货周期价格以及合格率等参数，最终确认所选择的供应商是否合理。

1）与底价相比较。所谓底价就是采购方打算支付的最高采购价格。底价的制定使采购人员对价格的确定与取舍有据可依，但是底价的制定往往需要企业内部很懂行的人士，或聘请外部的专家来完成。底价制定一定要合理，若制定得太低，很多本来可以入围的优秀供应商被拒之门外，这样就会丧失很多机会；若底价制定的太高，就失去了制定底价的意义。一个合理底价的制定不仅需要制定人有丰富的与商品相关的知识，还要尽可能多地搜集相关材料，譬如参考类似商品中的购买价格，参考专业期刊公布的价格，上网查询、从中立的采购调查研究机构获取等。

2）与其他供应商的价格相比较。这种方法是尽量多找几家供应商报价，来自不同供应商的报价可以让采购人员了解所购商品的大致市场价格。最终选定的供应商可能只有一两家，但其他供应商的报价对采购人员作出正确选择非常重要。找多家供应商报价会增加采购人员的工作量，但是值得。

3）与商品成本相比较。将供应商的商品成本与其报价相比，看其报价是否合理，同时可以将商品成本细分为人工、原料、外包、制造费用、管理费用，看其成本是否偏高。

4）与供应商过去的报价相比较。了解供应商过去有多少产品项目价格上涨（何时，上涨幅度、通报方式），比较供应商的价格上涨模式与该产业的模式（是否比同业涨的快、涨得多）。了解商品价格上涨的真正原因使成本上涨，还是品质的提高及服务的增多，其上涨是否合理，其下降是否意识着品质的下降与服务的减少。

（4）议价

比价之后，采购人员对商品价格已经相当了解，这时就应和供应商面对面的议价。将通过市场调查的商品在议价日安排供应商来议价。

在议价之前要有充分的准备，将要谈判的条件列举在表格内，作为议价的底线。若在底线之外，则退回；如果在底线之内，则将商品谈判的结果呈给采购管理人员裁决。为了使议价能更顺利地进行，采购人员应寻求更多的供应商来源。即使仍向原来的供应商采购，但更多的供应来源可增加议价能力。

收集成本与价格资料并对其进行具体分析，最好能有成本分析师的帮助。

（5）定价

成立估价小组，由采购人员、技术人员、成本会计等人员组成，估算出符合品质要求的、较为准确的底价资料。根据底价的资料、市场的行情、供应商用料的不同、采购量的大小、付款期的长短等与供应商一起制定出一个双方都能够合理接受的价格。

知识链接

整体采购成本

整体采购成本又称为战略采购成本，是除采购成本之外考虑到原材料或零部件在本企业产品的全部寿命周期过程中所发生的成本，它包括采购在市场调研、自制或采购决策、产品预开发、预开发中供应商的参与、供应商交货、库存、生产、出货测试、售后服务等整体供应链中各环节所产生的费用对成本的影响，概括起来是指在本公司产品的市场研究、开发、生产与售后服务阶段,因为供应商的参与或提供的产品所导致的成本，它包括供应商的参与或提供的产品没有达到的最高水平而造成的二次成本或损失。作为采购人员，其最终目的不仅是要以最低的成本及时采购到质量最好的原材料或零部件，而且要在本公司产品的全部生命周期过程中，即产品的市场研究、开发与售后服务的各环节，都要将最好的供应商有效的利用起来，以降低整体采购成本。

按功能来划分，整体采购成本发生在以下的过程中：开发过程、采购过程、企划过程、质量过程、服务过程。

（1）开发过程

在开发过程中，因供应商介入或选择可能发生的成本包括：

① 原材料或零部件对产品的规格与技术水平的影响。

② 供应商技术水平及参与本公司产品开发的程度。

③ 对供应商技术水平的审核。

④ 原材料或零部件的合格及认可过程。

⑤ 原材料或零部件的开发周期对本公司产品的开发周期影响。

⑥ 原材料或零部件及其工装（如模具）等不合格对本公司产品开发的影响等。

（2）采购过程

采购过程中可能发生的成本包括：

① 原材料或零部件采购费用或单价。

② 市场调研与供应商考察、审核费用。

③ 下单、跟货等行政费用。

④ 文件处理及行政错误费用。

⑤ 付款条件所导致的汇率、利息等费用。

⑥ 原材料运输、保险等费用。

（3）企划过程

企划过程中因采购而发生的成本包括：

① 收货、发货费用。

② 安全仓库仓储费、库存利息。

③ 不合格来料滞仓费、退货包装、运输费。

④ 交货不及时对本公司产生的影响及对仓储管理等工作的影响。

⑤ 生产过程中的原材料或零部件库存。

⑥ 企划与生产过程中涉及原材料或零部件的行政费用等。

（4）质量过程

质量过程中可能发生的采购成本包括：

① 供应商质量体系审核及质量水平确认。

② 检验成本。

③ 因原材料或零部件不合格而导致的对本公司的生产、交货的影响。

④ 不合格品本身的返工或退货成本。

⑤ 生产过程中不合格品导致的本公司产品的不合格。

⑥ 处理不合格来料的行政费用等。

（5）售后服务

售后服务过程中因原材料或零部件而发生的成本包括：

① 零部件失效产生的维修成本。

② 零部件供应给服务维修点不及时而造成的影响。

③ 因零部件问题而严重影响本公司的产品销售。

④ 因零部件问题导致本公司的产品理赔等。

在实际采购过程中，整体采购成本分析通常要根据采购物品的定价和分类模块按80∶20规则选择主要的零部件进行，而不必运用到全部的采购物料。整体采购成本分析需要由有经验的采购、企划、开发、生产、品质、经济、成本人员一起组成跨功能小组共同进行，一般是在现有的供应商中选择最重要的进行综合采购成本分析，找出实际整体采购成本与采购价格之间的差距，分析各项成本发生的原因，在此基础上提出改进措施。通过对现有主要供应商的整体采购成本分析的规律性总结，在新产品的开发过程中再综合运用“上游”采购，以达到有预防性的降低整体采购成本的目的。

小　结

本节介绍了影响采购价格的因素、采购价格折扣、采购成本降低的方法和采购定价流程。

相关作业

画图说明制定采购定价的流程。

4.2 采购合同

案例导入

日本的本田汽车公司的采购管理工作很具有代表性，本田公司每辆车80%的成本都用于从外部供应商购买零部件，即每年在供应商处的购买额达60亿美元，也就是说，公司13 000名员工所生产的只占每辆车成本的20%，他们认为：供应商的状况如何对本田公司的盈利至关重要，好的供应商最终会带来低成本、高质量的产品和服务，因此必须与供应商建立长期的合作伙伴关系。

本田公司实施采购管理的一项重要举措是“最佳伙伴”项目。首先，本田公司与供应商的关系是一种“永久关系”。一旦与某家供应商签约，就希望这种关系能够保持25~50年。其次，本田公司摒弃传统的拼命压价的采购方式，转而采用一种新的方式，他们的信条是“我如何利用供应商的技能来增强自己在最终市场的竞争力”。

在充分了解供应商制作零部件的成本（包括所有业务支出）的基础上，本田公司的采购人员为所购货物制定出成本表单，然后据这些表单定出“目标价格”告诉供应商。如果有供应商收到目标价格后，对本田公司的采购人员说：“你们真是疯了”，本田公司马上就会派出工程师到供应商的公司去，检查供应商的生产流程，找出导致供应商价格过高的原因。本田公司不仅在采购价格方面节省很多，通过同供应商的长期合作，本田公司也极大缩减了新产品的开发成本和时间。各供应商为本田公司提供了许多关于如何改进质量，更有效利用零部件的建议，本田公司对所有建议进行分析并加以采用。

必备的理论知识

4.2.1 采购合同的定义和特征

1. 采购合同的含义

采购合同是指出卖人转移标的物的所有权于买受人，买受人支付价款的合同。采购合同属于买卖合同的一种，是社会经济生活中普遍存在的合同之一，它是明确平等主体的自然人、法人、其他组织之间设立、变更、终止在采购物品过程中的权利义务关系的协议，是确立物品采购关系的法律形式。

2. 采购合同的特征

采购合同具有以下主要特征：

（1）它是转移标的物所有权或经营权的合同

物品采购合同的基本内容是卖方向买方转移合同标的物的所有权或经营权，买方向卖方支付相应货款，因此它必然导致标的物所有权或经营权的转移。当合同当事人一方是全民所有制主体，而另一方是非全民所有制主体，或者双方都是非全民所有制主体时，物品采购合同导致标的物所有权的转移；当双方当事人都是全民所有制主体时，物品采购合同导致标的物经营权的转移。

（2）物品采购合同的主体比较广泛

从国家对物品流通市场的管理和物品采购的实践来看，除生产企业外，流通企业也是物品采购合同的重要主体，其他社会组织和具有法律资格的自然人也是物品采购合同的主体。

（3）物品采购合同与物品流通过程密切联系

物品流通是社会再生产的重要环节之一，对国民经济和社会发展有着重大影响，重要的工业品生产资料的采购关系始终是国家调控的重要方面。物品采购合同是物品采购关系的一种法律形式，它以物品采购这一客观经济关系作为设立的基础，直接反映物品采购的具体内容，与物品流通过程密切相连。

4.2.2 知识储备

1. 采购合同的内容

采购合同是采供双方在进行正式交易前为保证双方的利益，对采供双方均由法律约束力的正式协议。所以，作为采购人员，应了解合同的内容及形式。

（1）主要内容

一份完整的采购合同包含很多内容，从大的方面可以分为三个部分：开头、正文和结尾。

1）开头。开头的主要内容包括以下方面：

① 合同的名称。

② 合同编号。

③ 采供双方的企业名称（要求在合同中写明其名称和地址，如果是自然人就应写明其姓名和住所）。

④ 签订地点。

⑤ 签订时间。

2）正文。合同正文的主要内容包括以下方面：

① 货物名称与规格。

② 货物数量条款。

③ 货物质量条款。

（以上条款须与请购单及决算单所列一一相符，包括物料名称、规格、数量、单价、总价、交货日期及地点。）

④ 价格条款。

⑤ 运输方式（即空运、陆运还是水运或其他方式）。

⑥付款条件（包括支付期限、支付工具等，须明确买卖双方约定的条件付款）。

⑦ 交货地点。

⑧ 校验条款。

⑨ 保险。

⑩ 违约责任。

⑪ 仲裁。

⑫ 不可抗力。

3）结尾。合同结尾的主要内容包括以下方面：

① 合同份数及生效日期。

② 签定人的签名。

③ 采供双方的公司公章。

（2）其他要点

除以上列示的内容外，还有一些要点需要特别注意。

1）验收与包修。在合约中约定，供应商物料送交企业后，须另立保修书，自验收日起保修一定年限，在保修期间内如有因劣质物料而导致损坏者，供应商应于多少天内无偿修复；否则企业得另请修理，其所有费用概由供应商负责偿付。

2）解约办法。在合同中约定，供应商不能保持进度或不能符合规格要求时解约办法，以保障企业的权益。

3）延期罚款。在合约中约定，供应商须配合企业生产进度，最迟在某月某日以前，全部送达交验。除因天灾及不可抗力的事故上，若逾期，每天供应商应赔偿企业采购金额千分之几的违约金。

4）保证责任。在合约中约定，供应商应找实力雄厚的企业担保供应商履行本合同所订明的一切规定，保证期间包含物料运抵企业经验收至保修期满为止。保证人应负责赔偿企业因供应商违约所蒙受的损失。

知识链接

订 货 合 同

订 货 合 同 （范本）

签订日期　　年　　月　　日　　　　　　　　　　　　　　　合同号数　　号

××××股份有限公司（买主）向＿＿＿＿＿＿＿＿＿＿（卖主）订购下列货品，经双方议定买卖条件如下：

项　　目	货品名称	规　　格	单　　位	数　　量	单　　价	金　　额
1						
2						
3						
4						
5						
6						
7						

货价总计	万　千　百　十　元　角整
交货地点	
交货日期	
付款办法	
包　　装	
保　　险	
货品验收	卖主所售货品必须准期交齐，买主按照上列规范验收 卖主所交货品必须完好，新品与约定规范相符 不合规范由损坏的货品应由买主取回并由卖主另定交换期限调换交齐 抽样及样品试验由买方迁行办理，卖方不得异议 复验仍应在买方办理，卖方可遵循买方规章派员会办，不得要求复验
逾期违约金	除因天灾人祸确有证据，经买主查明认为非人力所能抵抗者外，卖主应按本契约所规定日期交货，否则应照下列办法缴纳违约金： 如未收定金，逾期一天应缴未交部分的价额千分之一的违约金 如曾收定金则每收定金一成逾期一天应另加未交部分的价额千分之一的违约金 因调换货品或因进口原料延搁至逾期者概作逾期论，并计逾期违约金，但买主所需检验日期不计逾期违约金

续表

解约办法	如卖主未能履行本契约至十天，买主得解除本契约至解约与否，任买主自由选择 卖主应退还所领定金并按银行一般商业放款利率支付利息 卖主不履行本契约以至解约损害金其款额未交货品价额 20%计 解约前的逾期违约金卖主仍应照数缴纳
罚　　则	卖方对买方承办及有关人员不得给予佣金或其同样礼仪的馈赠，否则卖方应赔偿买方因此项行为所受的损失，并接受法律上的处罚
其　　他	遇有发生争执双方同意以地方法院为第一审管辖法院

买主签名盖章 股份有限公司 总经理	卖主签名盖章 厂商名称 负责人 地址	卖主连带保证人签名盖章 厂商名称 负责人 地址

2. 采购合同的效用

买卖双方经过询价、报价、议价、比价及决标的过程，最后双方达成有关协议，合同即告成立。依法律规定，不论明示或默示，即发生法律的效力。虽然法律并未规定非订立合约不可，但如有合约书即可以清楚记载双方的权利与义务，而避免“口说无凭”。现将采购合同的效用说明如下：

（1）可确立买卖双方应履行的事项

买卖行为若仅凭当事人的口头约定，则缺乏具体的凭据。一项交易行为，如其交易内容很单纯而在短时间内即可完成交货者，发生问题的可能性当然不多，但是交易条件繁杂而完成交易期时间较长时，若无书面的合同书为凭，则双方对于彼此应履行的事项，可能发生认知上的差距，所以必须订立书面合同书，以确定双方的权利与义务。

（2）可作为解决买卖纠纷的依据

合同书内会明白规定买卖双方间的权利与义务以及发生纠纷时的解决方法，故一旦买方不能依规定交货或履行合约行为发生差异时，便可根据合同书条款，迅速采取补救措施。

（3）可作为法律上的书面证据

交易行为发生纠纷，而买卖双方未能协商解决，必须诉诸法律时，可参照合同书内容规定。

（4）价格和结算方式

合同中对产品的价格、规定作价的办法和变价处理等的规定要具体，规定对副品、次品的扣价办法；规定结算方式和结算程序。

（5）交货期限、地点和发送方式

交货期限要按照有关对定，并考虑双方的实际情况，产品特点和交通运输条件等再加以确定。同时，应明确产品的发送方式（送货、代运、自提）。

（6）验收办法

合同中要具体规定在数量上验收和在品质上验收的办法、期限和地点。

（7）违约责任

签约一方不履行合同，违约方应负全部责任，赔偿对方遭受的损失。在签订合同时，应明确规定，供应者有以下三种情况时应付违约金或赔偿金：

- 未按合同规定的数量、品种、规格供应产品
- 未按合同中规定的品质标准交货
- 逾期发送产品

而购买者有逾期结算货款或提货，临时更改到货地点等，也应付违约金或赔偿金。

（8）合同的变更和解除条件

在什么情况下可变更或解除合同，什么情况下不可变更或解除合同，通过什么手续来变更或解除合同等情况，都应在合同中予以规定。

除此之外，采购合同应视实际情况，增加若干具体的补充规定，使签订的合同更切合实际，更具有效率。

3. 采购合同的签订原则

1）合同的当事人必须具备法人资格。这里的法人，是指有一定的组织机构和能独立支配财产，能够独立从事流通活动或其他经济活动，享有权利和承担义务，依照法定程序成立的企业。

2）合同必须合法。也就是必须遵照国家的法律、法令、方针和政策签订合同，其内容和手续应符合有关合同管理的具体条例和实施细则的规定。

3）必须坚持平等互利、充分协商的原则签订合同。

4）当事人应当以自己的名义签订经济合同。委托别人代签，必须要有委托证明。

5）采购合同应当采用书面形式。

4. 采购合同的履行

采购合同的履行的目的是促进合同的正常执行，满足企业的物料需求、保证合理的库存水平。

（1）合同履行监控要点

1）在合同履行监控过程中，要注意供应商的质量、货期的变化情况。需要对合同的条款进行修改的，要及时提醒相关人员办理，以利于采购合同的履行。

2）注意把采购合同、各种经验数据分类保存好。

3）应注意利用供应商的历史情况决定对其实施的过程办法。

（2）合同执行前的监控

签订了一份合同之后，还应考虑供应商是否乐于接受、是否及时执行等情况。

在物料采购中，同一物料往往有几家供应商可供选择。每个供应商都有分配比例，由于时间变化，供应商可能要提出改变“认证合同条款”，包括价格、质量、货期等。碰到这种情况，采购人员应充分与供应商沟通，确认本次物料可供应的供应商，如果供应商按时履行合同，则说明供应商的选择正确。如果供应商确实难以接受采购订单，则不可强迫，可以另外选择其他供应商，必要时要求质量管理人员协助办理。

（3）合同执行过程的跟踪

与供应商签订的合同具有法律效力，采购人员应全力跟踪，确实需要变更时要征得供应商的同意。合约执行的根据主要把握如下事项：

① 跟踪供应商准备物料的详细过程，保证合约的正常执行。

② 发现问题及时反馈，需要中途变更的要立即解决，不可贻误时间。

③ 紧密相应生产需求形势。

④ 若因市场畅销生产需求紧急，要本批物料立即到货，应马上与供应商协商，必要时可帮助供应商解决困难，保证需求物料的准时供应。当市场需求出现滞销，企业经研究决定延缓或者取消合同供应时，采购人员也应尽快与供应商进行沟通，确认可承受的延缓时间，或者终止合同的执行，给供应商赔款。

⑤ 控制好物料验收环节。

物料到达合同规定的交货地点，对国内供应商一般都是企业仓库，对境外交货是企业国际物流中转中心。境外交货的情况下，供应商在交货前会将到货情况表传真给采购人员，采购人员必须按照采购合同对到货的物料、批量、单价及总金额等进行确认，并进行录入档案，开始办理付款手续。

（4）合同执行后的跟踪

1）付款跟踪。采购人员应协助财务人员应按合约规定的支付条款对供应商进行付款，并进行跟踪。合约执行完毕的条件之一便是供应商收到采购合同所约定的货款，如果供应商未收到货款，采购人员有责任督促付款人员按照流程规定加快操作，否则会营销企业的信誉。

2）物料问题跟踪。物料在使用过程中，可能会出现问题，偶发性的小问题可由采购人员在现场检查并且联系供应商解决，重要的问题可由质检人员、认证人员解决。

4.2.3 签订合同的流程

采购合同的签订程序是指合同当事人对合同的内容进行协商，取得一致意见，并签署书面协议的过程，其流程如图 4.2 所示。

图 4.2 签订合同流程

4.2.4 工作步骤和说明

1. 合同的制作

一般的企业都有固定标准的合同格式，而且这种格式是供应商认可的，订单人员只需在标准合同中填写相关参数，如物品的名称代码、单位、数量、单价、总价、交货期及一些特殊说明以后，即可完成合同操作。值得说明的是，价格及质量标准是认证人员在认证活动中的输出结果，已经存放在采购环境中，订单人员的操作对象是物品的下单数量及交货日期，特殊情况下可以向认证人员建议修改价格和质量标准。拥有采购信息管理系统的企业，订单人员直接在信息系统中生成订单，在其他情况下，需要订单制作者自行编排打印。

2. 合同的审批

合同审批是订单操作的重要环节，一般由专职人员负责，主要审查事项为：合同与采购环境物品描述的符合性；合同与订单计划的符合性。审核的主要目的是：限制订单人员必须依照订单计划在采购环境中操作；不可选择采购环境意外的社会供应者；价格为制定价格；交货期在一定范围内，并符合订单计划的物品数量及到货日期要求。

3. 合同的签订

经过审批的订单合同，即可传至供应商确认并签字盖章，签订合同的方式有以下4种：

① 与供应商面对面签订合同，买卖双方现场盖章签字。

② 订单人员使用传真将打印好的合同传至供应商，且供应商以同样方式传回。

③ 使用 E-mail 进行合同签订，买方向供应商发合同 E-mail，表示买方已经签字，卖方返回合同 E-mail，则表示接受合同并完成签字。

④ 建立专用的合同信息管理系统，完成合同信息在买卖双方之间的传递。

4. 合同的执行

在完成合同签订之后，即转入合同的执行期。要加强与供应商的沟通，合同提前或延缓要征得供应商的同意。对加工型供应商要进行备料、加工、组装、调试等过程：对于储存性供应商，只需从仓库调集相关物品予以适当处理，即可发放需求方。控制库存水平在合理的范围内，订单人员需要丰富的工作经验，才能把握得更好。

5. 合同的变更与解除

当一方要求变更或解除合同时，在新的协议未达成之前，原合同仍然有效。但要求变更或解除合同的一方应采取书面形式（文书、电报等）及时通知对方，对方在接到通知后 15 日内（另有规定或当事人另行商定期限者除外）予以答复，逾期不答复的视为默认。

变更或解除合同的日期，以双方达成协议的日期为准，需报经上级主管部门批准的，以批准的日期为准。

另外，签订合同有笔误需要修正的，需经双方协商同意后方才生效。

知识链接

价值分析/价值工程

价值分析（value analysis，VA）和价值工程（value engineering，VE）这两个术语都是指同一种基本技术。

VA/VE 用来对特定问题或需求制定最优的解决方案，其目的是在满足所有顾客要求的同时，以更低的成本达到相同或更好的水平。价值分析与价值工程通过确定、消除不必要的成本达到目标。从技术角度讲，价值分析处理已投产的产品，用于分析工艺文件和购货要求上的产品规范与要求。采购部门通常将价值分析作为降低成本的技术。价值工程应用在产品开发阶段，它被认为是削减成本的方法。在实际中，设计某一产品往往交叉使用价值分析与价值工程技术。比如用 VA/VE 讨论下列问题：

① 这个零部件是否有不必要的功能？

② 两个或多个零部件能否合并？

③ 能减少重量吗？

④ 有无可删除的非标准部件？

1. VA/VE 的定义

VA/VE 可以定义为寻求提高某事物价值的一种结构化方法。价值可以下列方式进行分类：

（1）使用价值

使用价值表示产品如何有效地达到某一特定目的。例如，一支钢笔的使用价值是能书写，一把椅子的使用价值是能坐，一把伞的使用价值是能遮阳避雨等。

（2）品位价值

品位价值表明人们拥有某种产品的愿望。它通常建立在地位、创意、舒适等基础之上。例如，一支简单的塑料钢笔可能价值2元，而一支昂贵的钢笔可能价值是300元。这两支钢笔都有同样的基本功能，即在纸上写字，价格差别的原因在于一支没有品位价值，而另一支具有很大的品位价值。品位价值对于转卖给消费者的时尚采购具有重要性。但有的时候品位价值就不太重要，如在为汽车发动机购买零部件的时候。

1）价值的定义。价值可以用下列公式定义为

$$价值=\frac{功能}{成本}$$

这一公式表明价值是建立在做什么和花费多少的基础上的。价值可以通过以下方式获得增值:

① 以更低的成本提供同样的功能。

② 以同样的成本提供更好的功能。

③ 功能增加的比例高于成本增加的比例。

在多数情况下，VA/VE可以作为以最小成本提供所需功能的一种手段。

2）功能的内涵。正确地定义功能是VA/VE方法中最基本的内容。例如，凳子的功能是什么？这取决于所处的环境和谁用它。在餐馆里，凳子的功能是顾客坐在餐桌旁或吧台前。在仓库，凳子的功能是让仓库管理员在放置和取下储存物时能到达较高的货架。

正确区分目的与功能是非常重要的。例如，PC机的目的是尽可能高效益地处理、存储和读取数据。然而，一台PC机可以有许多功能，如使工作更有效率、使人们能互相沟通、能帮助人们在需要的时候得到需要的信息、能使学习便利、使人们锻炼他们的创造力，还能够娱乐。

着眼于产品的功能而非其目的，就有可能提供更为广泛的选择和改进方案以满足需求。例如，PC机，不能仅着眼于如何更有效地处理、存储和读取数据，价值分析将为其促进工作效率、沟通、信息获取、学习和提供娱乐寻求更好的方式。

2. VA/VE方法

VA/VE使用结构性方法解决问题，下面我们将对每一阶段进行说明。

（1）准备阶段

这一阶段是确定范围和选择团队，由所有相关领域的专家组成的跨职能团队贯彻实施VA/VE全过程。例如，在一个制造企业，工程、生产和采购供应部门肯定要参与进来，供应商代表的参与也能起到很好的作用，营销部门和消费者的介入也是可取的。

（2）信息阶段

这一阶段主要是收集有关被分析产品的信息，包括打算用产品做什么，它的性能水平，使用什么部件，成本是多少。特别是在成本上，需要相当具体的信息。

（3）功能分析阶段

VA/VE团队必须确定所期望完成的产品及组成部件的功能。功能即做什么而非如何

做。例如，电池的功能就是提供能量。

一个产品有许多功能，有些是基本功能，其他的是次要功能。例如，手表的基本功能是显示时间，次要功能也许是作为控制某一事件（如一次赛跑）持续时间的秒表，它也可能作为一件个人的饰物。

当考虑一个采购项目时，要不断地问自己该项目的这种功能是否确实是必需的。请记住：从一种场合到另一种场合，需求将发生明显的变化，不仅是业务上的需求，而且还包括人的知觉和偏好以及自我形象上需求的变化，例如：

① 计算机的颜色需要引人注目吗？

② 货车必须能装 10 立方米以上的货物吗？

③ 自行车需要行李架吗？

在某一产品或服务的功能确定之后，它的成本要在这些功能之间进行分配。这是相当困难的，而且其要义基本上完全不同于大多数组织对成本的理解。一个产品可以具有各种各样的功能：如一支铅笔（带橡皮的）既具有在纸上书写的功能也具有擦掉笔迹的功能，一个好看的陶罐既可用盛液体也可用于装饰。

（4）探讨阶段

为了考虑成本，VA/VE 团队必须回顾一下前阶段已确认的功能。召开团队头脑风暴会议，提出大量可以刺激人们想象和创意的问题，比如：

① 这一功能是必需的吗？

② 它能增加价值吗？

③ 它的成本与其用途成比例吗？

④ 能否以其他方式得到同样的功能？

⑤ 还有更好的用途吗？

⑥ 它能节约资源吗？

⑦ 标准化的产品能做同样的工作吗？

一旦得到所有的创意，就要对它们进行筛选，然后纳入少量潜在的预选方案中。

（5）开发阶段

对前期确认的一个预选方案进行进一步的开发以评定其可行性，即它对研究目标、成本（包括运行成本）和风险要求满足程度。应在 VA/VE 团队中成立一个特殊小组对每一个预选方案进行进一步的开发。

（6）评估阶段

在这一阶段，整个团队要对每一个预选方案进行审核，对照准备阶段定义的目标进行评估。在满足既定目标、成本水平和风险等级的基础上做出决策，选定将来执行的解决方案。

（7）执行阶段

要建立一个执行团队，为选定的解决方案准备一套具体的执行计划，然后开始执行。执行过程中将为选定的设计方案准备规格。如果是买方组织进行 VA/VE 研究，形成的规格将发给供应商，作为供应商报价的基础。如果是供应商针对买方的执行规格进行价值工程研究，那么经过价值工程研究后的规格将成为供应商报价和投标的基础。

3. 从事 VA/VE 研究的时机

在标准化的产品是有效的并能够胜任的情况下，没有必要从事 VA/VE 研究或花时间开发新的规格，这是显而易见的。在价值分析研究中，产品已经存在，有大量的有价值的有关成本、运行等方面的信息，价值分析研究任何时候都可以进行。当迫于竞争压力而降价、需要削减成本以维持利润时，必须进行价值 分析。

对一个新产品的价值工程研究最好在设计阶段进行。在设计阶段，价值工程研究对成本的影响最大，如图 4.3 所示。

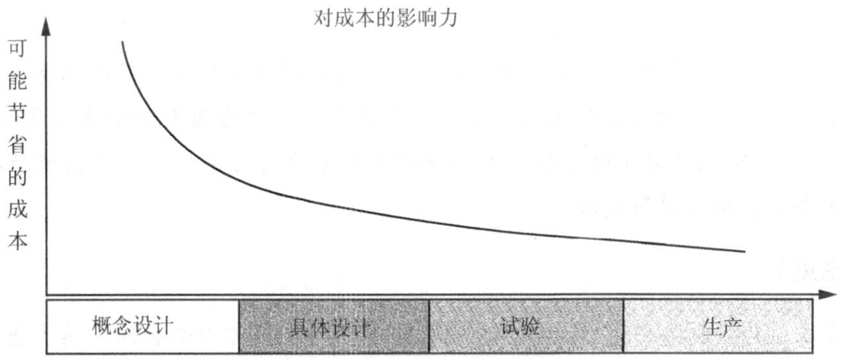

图 4.3 VA/VE 研究对成本的影响程度

小 结

本节介绍了采购合同的定义、采购合同的内容、采购合同的效用、采购合同的签订原则、采购合同的履行和签订采购合同的流程。

相关作业

画图说明签订采购合同的流程。

本章小结

采购定价与合同是采购业务的前期与基础环节，它直接决定着企业生产与经营的命运，是采购业务的前提保证，通过本章的学习，应掌握采购定价和采购合同的制定技巧，合理依法的进行采购定价与合同管理。

案例分析

中标不等于合同成立

【案情】

2006年5月，阳光公司为采购一批价值约600万元的设备，委托当地一家招投标公司组成评标委员会进行招、投标活动。利丰公司通过现场竞标后，经评标委员会评议被确定为中标单位，并由公证机关进行了公证。次日，评标委员会给利丰公司出具了“中标通知书”。但阳光公司通过考察，不同意确定利丰公司为中标人，并拒绝与利丰公司签订书面合同。双方因而成讼。

【分歧意见】

许多人认为，利丰公司中标后，阳光公司拒不与之签订书面合同，属于违约。必须确定合同的效力或由阳光公司赔偿因缔约过失给利丰公司造成的损失。但法院的判决却驳回了利丰公司的诉讼请求，因为招投标活动应属合同的缔约阶段，评标委员会出具的中标通知书违反了应由招标人核发的规定。

【评析】

1．招标投标活动仅仅是合同签订的特殊方式和过程

招标是指在一定范围内公开货物、工程或服务采购的条件和要求，邀请众多投标人参加投标，并按照规定程序从中选择交易对象的一种市场交易行为。无论是招标公告还是招标通知，都属要约邀请的范畴。投标是指投标人接到招标通知后，根据招标通知的要求填写招标文件（也称标书），并将其送交给招标人的行为，即要约。根据合同原则，要想合同成立，必须在要约的基础上作出承诺。承诺通知到达要约人时生效，承诺生效时合同成立。这里的承诺是招标人选定中标人。也就是说，承诺前的一切活动都仅仅是

为签订合同而经历的必要过程。即本案中，利丰公司参与阳光公司的招投标活动，也仅是双方签订合同的过程。

2．合同成立的标志是招标人出具中标通知书

招标人给中标人核发中标通知书，表明其已经就投标人的要约作出了承诺，合同也就成立。对中标人的确定，《中华人民共和国招投标法》（以下简称《招投标法》）规定了两种方式：一是招标人授权评标委员会直接确定中标人；二是招标人在评标委员会推荐的中标候选人中确定中标人。

本案中，阳光公司没有在评标委员会推荐的中标候选人中确定中标人，也没有授权评标委员会直接确定中标人，表明评标委员会确定中标人并发出中标通知书超出了阳光公司的授权，不能视为是阳光公司核发了中标通知书。因此，评标委员会确定利丰公司为中标人违反了《招标投标法》，该中标通知书不应视为阳光公司的承诺通知。

3．阳光公司不应承担缔约过失责任

缔约过失责任是指在合同订立过程中，合同一方因违背其依据诚实信用原则所应负的义务，致使另一方的利益受损，而应承担的民事责任。根据《中华人民共和国合同法》第四十二条规定，承担缔约过失责任应同时具备三个构成要件：一是缔约人违反了诚实信用原则（也可视为先合同义务）；二是违反诚实信用原则的缔约人主观上有过错；三是对方存在利益的损失。

本案中：一方面，阳光公司没有违反先合同义务。先合同义务是指缔约人双方为签订合同而互相磋商，依诚实信用原则产生的注意义务。阳光公司不同意确定利丰公司为中标人，并不是一种注意义务，即不属于先合同义务范围；另一方面，阳光公司主观上没有过错。过错包括故意和过失。故意是指明知自己的行为会造成危害后果而希望或放任该后果的发生。过失是指对危害后果的发生，应当预见因疏忽大意而没有预见，或已经预见但轻信可以避免。阳光公司既没有故意隐瞒订立合同有关的重要事实或提供虚假情况，也由于中标通知书的错误发放与阳光公司无关，决定了阳光公司对结果不存在预见或没有预见问题。

思考与练习

1．采购定价的总体依据和方法是怎样的？如何确定采购最合适的价格，体现采购的适价原则？

2．采购合同的内容有哪些？要点是什么？

3．解释 VA/VE 的定义，说明 VA/VE 的方法。

小组模拟仿真

要求小组讨论，并将活动成果以小组为单位提交作业。

1. 岗位角色

每组 10 人，分为两组：
A 组，5 人，卖方——供应商
B 组，5 人，买方

2. 模拟案例

结合“知识链接”环节的合同范本，模拟定价管理与合同管理的购销过程，要求各组制定出相应的流程记录和合同书，描述定价过程及合同签订、管理过程。各小组可自行假设需购置的物料，可在网上查询报价并搜集相关报价资料。

3. 模拟步骤

1）各小组明确各自职责范围。
2）各组人员按活动要求准备各自资料或进行工作准备。
3）活动中，各小组成员密切配合，按相关程序进行。
4）进行一个完整的定价与合同管理过程描述。

4. 作业展示及点评

考核评分见下表。

考核评分表

<table>
<tr><td>考评小组</td><td></td><td>被考评小组</td><td></td></tr>
<tr><td>考评地点</td><td colspan="3"></td></tr>
<tr><td>考评内容</td><td colspan="3">定价与合同管理</td></tr>
<tr><td rowspan="4">考评标准</td><td>内容</td><td>分值</td><td>实际得分</td></tr>
<tr><td></td><td></td><td></td></tr>
<tr><td></td><td></td><td></td></tr>
<tr><td></td><td></td><td></td></tr>
<tr><td colspan="2">合　　计</td><td>100</td><td></td></tr>
</table>

注：考评满分为 100 分，60～74 分为及格；75～84 为良好；85 分以上（含 85 分）为优秀。

第5章 采购绩效评估

学习目标

通过本章的学习，你应该能够解释采购绩效评估、采购效率指标、采购效果指标的概念，描述采购绩效评估的指标体系、评估方式及改进采购绩效的途径，识别采购部门或个人的工作绩效。

5.1 概　　述

案例导入

飞利浦公司的基准研究

越来越多的公司喜欢把它们的采购绩效同它们的竞争对手或那些被认定是一流的公司的采购绩效进行对比，并通过确定一个基准来评价采购组织的效果和效率。

飞利浦公司在20世纪90年代早期对一些一流公司进行了一项基准研究，主要想了解这些公司在下面这些领域是怎样运作的：

① 整个采购市场的研究。

② 供应商管理。

③ 在采购活动中同其他单位之间的协调。

④ 谈判和合同的管理；涉及新产品发展的采购和供应。

⑤ 同销售和服务部门的合作。

通过对上述领域的研究，飞利浦公司对这些公司的采购和供应的管理有了非常细致的了解，继而把所有的部门经理召集起来制定了一个采购行动方案，带领飞利浦公司迈入了一流公司的行列。

必备的理论知识

5.1.1 采购绩效评估的定义和地位

1. 采购绩效评估的基本概念

1）评估：即评价估量，是指评论估量货物的价格，现在泛指衡量人物、事物的作用和价值。

2）绩效：即功绩、功效，是指完成某件事的效益和业绩。

3）采购绩效评估：就是建立一套科学的评估指标体系，用来全面反映和检查采购部门工作实绩、工作效率和效益。对商品采购绩效的评估可以分为对整个采购部门的评估和对采购人员个人的评估。对采购部门绩效的评估可以由企业高层管理者来进行，也可以由外部客户来进行；而对采购人员的评估常由采购部门的负责人来进行。

4）采购效率指标：是指与采购能力相关的衡量采购人员、行政机构、方针目标、程序规章的指标。

5）采购效果指标：是指与采购结果相关的采购成本、原材料质量、数量、交货时间及价格等指标。

2. 采购绩效评估的重要地位

评价绩效是管理流程的重要组成部分，它不仅适用于采购供应或是供应链管理，而且适用于经营管理的各个方面。

采购工作在一系列的作业程序完成之后，是否达到了预期的目标、企业对采购的商品是否满意等，是需要经过考核评估之后才能下结论的。有一句话说得好："如果你不能够评估，你就不能控制；如果你不能控制，你就不能管理"。采购职能部门的使命是为公司实现战略目标，所以在采购管理中，必须对采购的绩效进行全面的评估，那采购管理过程是怎样的呢？如图 5.1 所示。

采购绩效评估的重要意义体现在以下几方面：

① 了解客户（外部和内部）的满意度。

② 了解可能产生问题的不同因素。

③ 解决问题时将注意力集中到重要方面。

④ 寻求改进绩效的新途径。

⑤ 对存在的问题采取补救措施。

⑥ 改进决策。

⑦ 建立更好的客户关系，包括与供应商和公司其他职能部门的关系。

⑧ 确认为了改进绩效所需要的资源或组织安排。

⑨ 区分员工和团队绩效的高低，确认是否需要开展培训和建立更好的工作组织。

⑩ 激励员工尽最大可能做好工作。

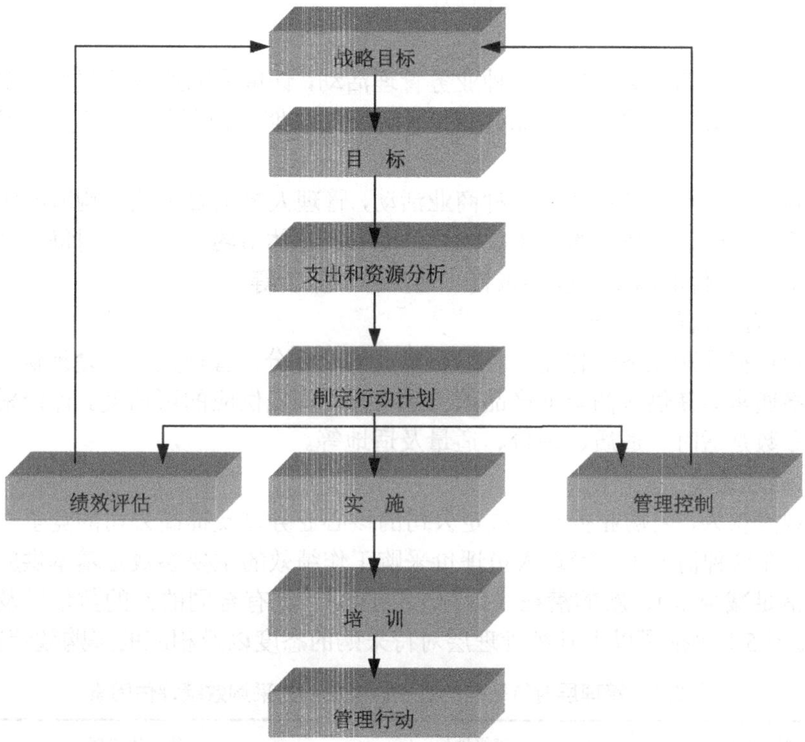

图 5.1 采购管理过程

绩效改进是一项不受时间限制的工程，必须持续开展并使之成为例行性的工作。因此，绩效评估也应成为持续开展的例行性工作。

5.1.2 知识储备

1. 采购绩效评估的目标

采购绩效评估的目标。包括以下几方面：

① 把所需的商品如期、如质、如数地买回来，保证生产和销售的持续进行。

② 开发更优秀的供应商，降低采购成本，实现最佳采购。

③ 杜绝采购人员或部门的“舞弊”行为。

2. 采购绩效评估的影响因素

影响采购绩效评估的一个重要因素是管理人员如何看待采购业务的重要性以及其在企业中所处的地位。对工业企业的一项调查结果表明，不同企业在采购绩效的评估方面是不同的。导致这种状况的直接原因是各公司在管理风格、组织程度、委托采购上分配的职责不同，而不是由企业的具体特征（如工业类型、生产经营类型等）造成的。关于采购业务，目前主要有以下四种管理观点：

（1）业务管理活动

这种观点把采购业务看作是一种业务管理活动，评价采购业务的绩效主要取决于与现行采购业务有关的一些参数，如订货量、订货间隔期、积压数量、现行市价等。

（2）商业活动

这种观点把采购业务看作是一种商业活动，管理人员主要关注采购所能实现的潜在节约额。评价采购工作绩效的主要参数是采购中的总体节约量（通常用每一产品组和每一客户表示）、市价的高低、差异报告、通货膨胀报告等。

（3）综合物流的一部分

这种观点把采购业务看作是一种综合物流的一部分，管理人员清楚地认识到，降低产品的价格通常会使供应商降低产品的质量，并会降低供应的可信度。评价采购工作绩效的主要参数是适时、适质、适价、适量及适地等。

（4）商业策略

这种观点认为，采购业务对于决定公司的核心业务以及提高公司的竞争力将产生积极的作用。在这种情况下，管理人员评价采购工作绩效的主要参数是基本供应量的变化数量（通常足减少量）、新的潜在（国际）供应商（订有合同的）的数量以及已实现的节约额等。表 5.1 概括了以上几种管理层对待采购的态度以及相应的采购效绩评估因素。

表 5.1　管理层对待采购的态度以及相应的采购效绩评估因素

管理层观点	采购业务的等级地位	绩效评估依据
把采购看作是一种管理业务	在组织中的地位低	订单数量、订单累计额、供应到货时间管理、授权、程序等
把采购看作是一项商业活动	向管理人员报告	节约额、降价程度、通货膨胀报告、差异报告
把采购看作是综合物流的一部分	采购同生产、销售业务构成统一的整体	节约额、成本节约额、货物供应的可靠程度、废品率、供应到货时间的缩短量
把采购看作是一项商业策略	采购者进入高级管理层	应有成本分析、早期介入的供应商数量、自制还是购买决策．供应额的减少量

3. 采购绩效评估指标

采购绩效的衡量可根据采购工作范围的划分、采购能力与采购结果等概括成采购效率指标及采购效果指标两大类。采购效率指标是指与采购能力相关的衡量采购人员、行政机构。方针目标、程序规章等的指标；而采购效果指标是指与采购结果如采购成本。原材料质量、交货等相关的指标。有人概括了采购绩效衡量的主要范围，如图 5.2 所示。

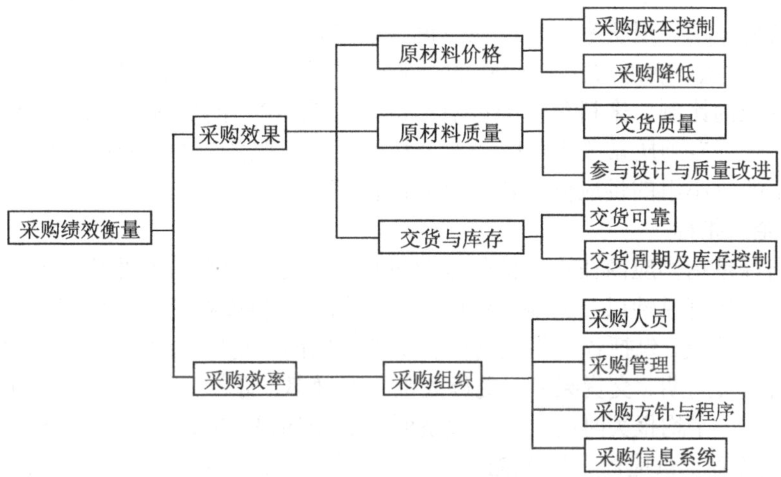

图 5.2 采购绩效衡量的主要范围

（1）价格与成本指标

采购的价格与成本指标包括参考性指标和控制性指标。参考性指标主要有年采购总额、各采购人员年采购额、年人均采购额、各供应商年采购额、供应商年平均采购额、各采购物品年度采购基价及年平均采购基价等。它们一般是作为计算采购相关指标的基础，同时也是展示采购规模、了解采购人员及供应商负荷的参考数据，是进行采购过程控制的依据和出发点，常提供给公司管理层参考。而控制性指标则是指展示采购改进过程及其成果的指标，如平均付款周期、采购降价、本地化比率等。现列举如下：

1）年采购额。包括生产性原材料与零部件采购总额、非生产性采购总额（包括设备。备件、生产辅料、软件、服务等）、原材料采购总额占产品总成本的比例等。其中最重要的是原材料（指 BOM）采购总额，它还可以按不同的材料进一步细分为包装材料、电子类零部件、塑胶件、五金件等，也可按采购付款的币种分为人民币采购额及其比例、不同外币采购额及其比例。原材料采购总额按采购成本结构又可划分为基本价值额、运输费用及保险额、税额等。此外年采购额还可分解到各个采购员及供应商，算出每个采购人员的年采购额、年人均采购额。各供应商年采购额、供应商年平均采购额等。

2）采购价格。包括各种各类原材料的年度基价、所有原材料的年平均采购基价、各原材料的目标价格、所有原材料的年平均目标价格，各原材料的降价幅度及平均降价幅度、降价总金额、各供应商的降价目标，本地化目标，与伙伴工厂联合采购额及比例。联合采购的降价幅度等。

3）付款。包括付款方式，平均付款周期、目标付款期等。

（2）质量指标

质量指标主要是指供应商的质量水平以及供应商所提供的产品或服务的质量表现，它包括供应商质量体系、来料质量水平等方面，主要有：

1）来料质量。包括批次质量合格率、来料抽检缺陷率、来料在线报废率、来料免检率、来料返工率、退货率、对供应投诉率及处理时间等。

2）质量体系。有通过 ISO9000 的供应商比例。实行来料质量免检的物料比例、来料免检的供应商比例、来料免检的价值比例、实施 SPC 的供应商比例、SPC 控制的物料数比例。开展专项质量改进（围绕本公司的产品或服务）的供应商数目及比例、参与本公司质量改进小组的供应商人数及供应商比例等。

（3）企划指标

企划指标是指供应商在实现接收订单过程、交货过程中的表现及其运作水平。包括交货周期、交货可靠性以及采购运作的表现，如原材料库存等，具体有：

1）订单与交货。包括各个供应商以及所有供应商平均的准时交货率、首次交样周期、正常供货的交货周期、交货频率、交货数量的准确率、订单变化接受率、订单确认时间、交货运输时间、平均报关时间、平均收货时间、平均退货时间、退货后补货时间等。

2）企划系统。供应商采用 MRP 或 ERP 等企划系统的程度、实行 JIT 的供应商数目与比例，原材料库存量（或库存周期）、便周周转包装材料的程度与供应商数量、订单数量，平均订货量、最小订购数量等。

（4）其他采购效果指标

其他采购效果指标是指其他与供应商表现相关的指标，如供应商总体水平、综合考核以及参与产品或业务开发、支持与服务等方面的指标，具体内容包括：

1）技术与支持。采用计算机系统处理行政事务以及采用电子邮件处理业务的供应商数量、采用电子商务的供应商数量、参与本公司产品开发的供应商数量及参与程度、与本公司合作进行工艺开发的供应商数量及程度、具有工装模具制作能力的供应商数量，能用英文进行直接沟通的供应商数量等。

2）综合。供应商总数、采购的物料种数及项目数、供应商平均供应的物料项目数、通过 ISO14001 的供应商数目、独家供应的供应商数目及比例、合作伙伴型供应商及优先型供应商的数目及比例等。

（5）采购效率指标

采购效率指标是指与采购能力如人员、系统等相关的指标，包括：

1）人员。涉及到采购部总人数以及战略采购、前期采购、后期采购人员的比例、采购人员的年龄、工作经验与教育水平结构、采购人员语言结构、采购人员培训目标及实施情况、采购部人员流失率等。

2）管理。可以考虑采购人员的时间使用结构（处理文件、访问供应商等）及比例，采购人员的纪律执行情况（考勤等），采购人员的工资级别及费用情况，采购行政管理制度的完整性，如合同管理、权限规定、行为规范，供应商管理程序的完整性，如供应商审核、供应商考评，采购系统的评审及评估目标水平等。

5.1.3 采购绩效评估的流程

采购绩效评估的流程通常包括以下几个过程，如图 5.3 所示。

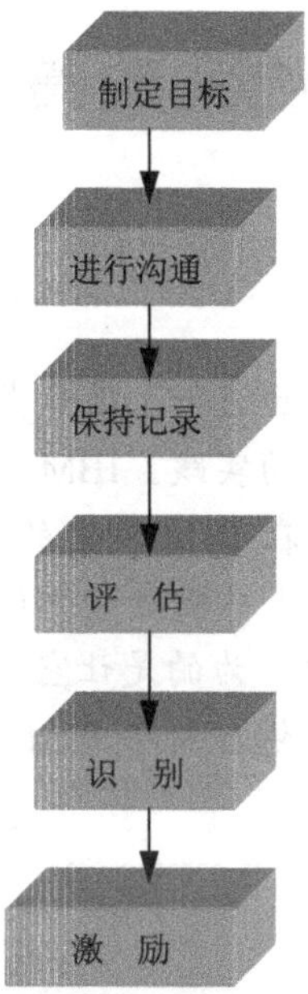

图 5.3 采购绩效评估过程

5.1.4 工作步骤和说明

采购绩效衡量与评估是对采购工作进行全面系统地评价、对比的一项整体工作，通过自我评估、审核、管理等方式进行。绩效评估一般依据事先制定好的标准对照企业的实际采购情况来检查、打分，依据实际得分并对照同行或世界最高水平找出自己的薄弱环节进行相应改进。

各项绩效的评估过程都首先要了解采购供应目标，这是确定绩效评估对照的具体的绩效标准和目标的基础。

小 结

本节介绍了采购绩效评估的基本概念、采购绩效评估的目标、采购绩效评估的影响因素和采购绩效评估的流程。

相关作业

画图说明采购绩效评估的流程。

5.2 改进采购绩效的措施

案例导入

大型公司在加强商务合作方面进行了很多尝试，IBM 与 Philip Crosby 合作开展的“零缺陷”计划是一个很好的实践。IBM 各分支机构的高层管理人员都参加了质量培训课程，这些管理人员在 IBM 所有的产品工厂发展“零缺陷”计划。该计划的第一步是将质量管理的重点从检查和纠正错误转移到预防错误的发生。

IBM 邀请供应商参加研讨会，为的是让它们了解 IBM 零缺陷管理的目标，并认识到其重要性。IBM 十分强调供应商在 IBM 中的作用。供应商的员工是了解质量管理重要性的下一个环节。

必备的理论知识

5.2.1 改进采购绩效措施的内容

随着科技的进步和我国成功加入 WTO，大部分产品进入微利时代，而商业活动的周期几乎依赖于供应与需求的市场规则，如图 5.4 所示。采购部门或个人所肩负的责任加重了，这就迫使采购人员想办法提高绩效。同时，专家对商品采购绩效做出定量评价和定性分析，来改进商品采购活动。

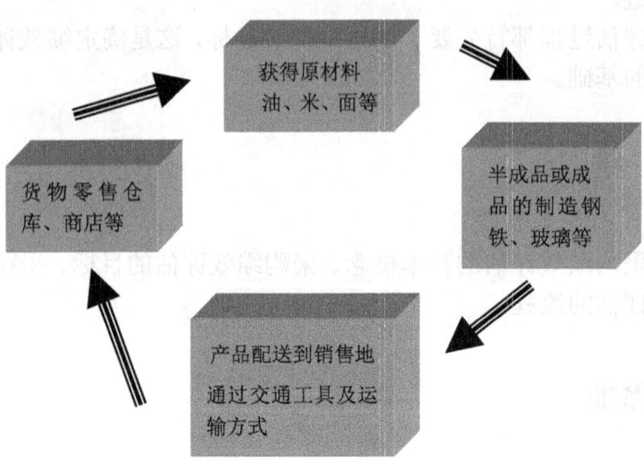

图 5.4 商业活动周期

改进采购绩效的措施包括：

1）改善质量措施。帮助供应商进行质量改进，派出相关技术人员、质量管理人员、采购人员等组成的小组，现场分析研究，与其一起制订改善方案，推行ISO9000标准的实施。

2）降低成本措施。帮助供应商改善加工工艺、包装运输方式等途径来降低物料成本，对于确实无法进行成本改进的供应商，重新对其社会供应群体进行调查，认证新的供应商群体。

3）挑选供应商措施。采用“及时供应率”对供应商进行排名，分析原因所在，可持续发展的令其作优化调整、改善供货效率，差的供应商要坚决剔除。对于地址较近的供应商应优先选取，以方便进行供应协调。

4）增加采购柔性措施。拓展生产物料供应商，重点物料保证由三家以上供应商供应，避免采取独家供应商或生产饱和的供应商供货，加强对社会供应群体的调查研究，认证适量的供应商作为备用。

5）衡量实力措施。针对具体物料供应商设计实力量化数值，如技术水平、管理水平、设备厂房环境配置、样件质量、二次开发能力、指标稳定性、合作意识及沟通能力。

6）评价服务措施。针对具体物料供应商进行物料维修配合、物料更换配合、设计方案更改配合主动性、合理化建议数量、上门服务程度、公正性竞争表现、使用培训表现及服务意识指标考核。

7）提高库存周转率措施。掌握产品的生命周期，根据市场预测计划和采购市场的供应行情，及时进行采购资源抢占以支持市场的销售计划，减少呆料。

8）其他措施。改进采购绩效的措施还有评定采购工作效率、测定人员流动比率、测定供应商流动比率、确定订单周期、提高紧急订单完成率等。

5.2.2 知识储备

1. 采购绩效评估人员

（1）采购部门主管

采购主管对所管辖的采购人员最为熟悉，而且所有工作任务的指派以及工作绩效的优劣，都在其直接监督之下。因此，由采购主管负责评估，可以注意到采购人员的表现，并可同时起到监督与训练的效果。

（2）财务部门

财务部门不但掌握公司产销成本数据，对资金的获得与付出也进行全盘管制，因此，财务部门也可以对采购部门的工作绩效进行评估。

（3）工程部门或生产主管部门

当采购项目的品质与数量对企业的最终产品质量与生产影响重大时，也可以由工程或生产主管人员评估采购部门绩效。

（4）供应商

有些企业通过正式或非正式渠道，向供应商探询其对本企业采购部门或人员的意见，以间接了解采购作业绩效和采购人员素质。

（5）外界专家或管理顾问

为避免公司各部门之间的本位主义或门户之见，可以特别聘请外部采购专家或管理顾问，针对企业全盘的采购制度、组织、人员及工作绩效，做出客观的分析与建议。

2. 采购绩效评估方式

对采购人员进行工作绩效评估的方式，可分为定期和不定期式。定期评估配合公司年度人事考核制度进行，有时难免落入俗套。一般而言，以“人”的表现，如工作态度、学习能力、协调精神、忠诚程度等为考核内容，对采购人员的激励以及工作绩效的提升，并无太大作用。如果我们能以目标管理的方式，即从各种绩效指标当中，选择年度重要性比较高的项目为考核目标，年终按目标实际达成程度加以考核，则必能提升个人或部门的采购绩效。使用这种方法可以摒除“人”的抽象因素，以“事”的具体成就为考核重点，因此，比较客观公正。

不定期的绩效评估，则是以特定项目方式进行。例如，公司要求某项特定产品的采购成本降低 8%，当设定的期限一到，即评估实际的成果是否高于或低于 8%，并就此成果给予采购人员适当的奖惩。这种评估方式，特别适用于新产品开发计划、资本支出预算、成本降低专项方案等。

5.2.3 改进采购绩效的途径

改进采购绩效的途径包括以下过程，如图 5.5 所示。

图 5.5 改进采购绩效的过程

5.2.4 工作步骤和说明

（1）改进工作氛围提升商品采购绩效

采购人员要经常把自己的业绩与同行高水平相比，特别是有过跨国采购经验的高级职员，采购组织的管理部门，应定期或不定期的对采购人员的业绩进行评估并进行排名，再配以相应的奖励制度，使采购业务不断改善。

（2）强化内部管理提升商品采购绩效

加强各部门的协作，使各部门对采购工作都进行不同程度的参与和监督，从管理角度去提升商品采购绩效，如在企业内建立合格的采购队伍（团队），选聘合格人员担任采购人员，给采购部门及采购人员设立既有挑战性又可行的工作目标，对表现突出的采购人员给予物质与精神上的奖励等。

（3）应用科学技术提升商品采购绩效

传统通讯技术，如电话、传真、信函仍发挥着重要作用，但是我们为了更好地提高采购绩效，就应该运用更加先进的科学技术，如网络、电子邮件、条形码技术、电子数据交换、电子商务以及 MRP 等。

（4）实施合作关系提升商品采购绩效

供应商与采购方之间关系决定了采购的价格、质量、数量及交货时间等。一般来说，与企业建立了长期合作伙伴关系的供应商能有较好的表现，这种供应商能较好地配合采购企业进行的降价计划，如与供应商共同制定可行的成本降低计划，与供应商签订长期的采购协议，让供应商参与产品设计等。

（5）开发新的供应商提升商品采购绩效

开发优秀的、新的供应源，可以降低采购总成本。许多大企业的采购部成立了供应商开发小组，甚至有的企业把它作为一个独立的部门来运作。一般要求新供应商的地理位置在采购方所在地附近，这样有助于缩短交货期解决开发过程中的问题，而且采购单价一般可降低 20%～40%。对大部分物料（商品）而言，国内廉价的制造成本已使得海外制造企业在价格上已无法和国内企业进行竞争。

小　结

本节介绍了改进采购绩效的措施、采购绩效评估人员以及改进采购绩效的途径。

相关作业

画图说明改进采购绩效的途径。

本 章 小 结

采购绩效评估是采购工作流程的最后一步，而且是很关键的一步。通过绩效评估使采购供应部门更好地了解本部门的工作。

同时，采购绩效评估也可以说是第一步，它是一个新的采购循环的开始，会带来新的想法、新的解决办法、新的选择和更好地做事方式。这是持续的改善与更新过程的关键，是使采购供应部门保持成功、让员工富有成就感的唯一办法。

本章对采购绩效评估的基本概念、评估流程、评估人员、评估方式和采购绩效改善的方法做了比较详细的介绍。

案例分析

TCL集团的供应商管理

对供应商做出系统全面的评价，就必须有一套完整、科学、全面的综合评价指标体系。

TCL集团（以下简称TCL）因为从事出口业务的需要，而对供应商进行的管理，与一般的生产供应管理有着不同的挑战和困难。交货、运输、包装以及一些特殊的质量要求，使企业对供应商的要求也会不一样。只有客观、科学地评估供应商和进行供应链管理，才能共同为最终用户提供最大价值的产品和服务。

TCL王牌电子（深圳）有限公司（以下简称TCL王牌）处在竞争异常激烈的彩电行业，供应商管理成为关系企业生存和发展的关键，而供应商评估则是做好供应商管理、供需合作关系正常运行的基础和前提条件。如何进行供应商评估？在进行供应商评估时要注意哪些方面？如何选择供应商才能更好地为本企业出口业务服务？

企业在选择供应商时主观的成分过多，有时往往根据供应商的印象而确定供应商的选择，供应商选择中还存在一些个人的成分；供应商选择的标准不全面，大多只集中在评估要素的某一方面，如产品质量、价格、交货准时性和批量等，没有形成一个全面的供应商评估指标体系，不能对供应商作出全面、具体、客观的评价。

以彩电行业为例，伴随着彩电生产项目的大规模引进，也同时引进了供应商评估这一概念。当时的企业纷纷成立了“部品部”。“部品”二字是从日文里搬来的。日本企业设立的“部品部”的主要职责是在品质方面对“部品”进行测试和认定。

当时，中国企业遇到的最突出问题就是品质问题，不稳定、不可靠、参数离散性大，这在当时是比较突出的矛盾。因此，最初的供应商评估工作是从品质方面开始入手的。

TCL王牌于1992年介入彩电行业。刚开始的供应商评估工作是由供应方即惠州长城公司来做的。1996年公司具备了生产条件之后才开始自行开展供应商评估工作。目前，TCL已经建立起了一整套供应商评估体系，其评估原则也已逐渐成为企业文化的一部分。供应商评估工作在企业实施稳定的供应链合作关系、保证产品质量、降低生产成本、提高经济效益等方面发挥着巨大的作用。

1. 建立有效的评估体系

在集成化供应链管理环境下，由于企业对短期成本最小化的需要，供应链合作关系的运作需要尽量减少供应源的数量。当然，供应链合作关系并不意味着单一的供应源。另外，由于紧密合作的需要，上下游相互的连接变得更专业，而且制造商会在全球市场范围内寻找最杰出的供应商。

供应商综合评价的指标体系是企业对供应商进行综合评价的依据和标准，不同行业、企业、产品需求及不同环境下的供应商评价应是不一样的。但基本都会涉及到供应商的业绩、设备管理、人力资源开发、质量控制、成本控制、技术开发、用户满意度、交货协议等可能影响供应链合作关系的方面。

建立评估体系，通常要确定评估的项目、评估的标准、要达到的目标。这些问题明确以后，要有一个评估小组。不过，不一定每一个项目都要有一评估小组，一个小组可以负责某些项目。

TCL 王牌目前评估小组有 10 个，包括部品采购类、生产设备类、检测设备类、后勤设备类、动力设备类等，并针对每一类都制定了相应管理办法。“如果把这些问题解决好，并做得比较规范，我个人认为就可以建立评估体系了。”TCL 王牌的副总经理徐洪涛这样说，“我们作评估有一个重要原则，就是要求公开、公正、公平和科学。这也已成为公司企业文化的一部分。”

目前，很多企业在供应商评估工作中存在个人权利太大，“一人说了算”的现象和主观成分过多，同时还存在一些个人的成分在里面，容易产生消极的后果。建立规范的评估体系可以有效解决这个问题。“因为评估体系的一个特点，就是要求评估工作不是由一个人来做”，徐洪涛强调。

2．完善的评估过程

TCL 评估的对象主要有两类：一类是现有供应商；一类是新的潜在供应商。“对于现有合格的供应商，我们每个月都要作一个调查，着重就价格、交货期、进货合格率、质量事故等进行正常评估。1～2 年作一次现场评估。”该公司部品部经理助理晏华斌介绍说。由于 TCL 在行业内是较为领先的企业，因而其供应商在行业内也是很优秀的。“产品合格率基本上可以做到 100%，交货期也一样。”晏华斌说。

接纳新的供应商，其评估过程要复杂一些。公司采购部经理孙敏说：“通常是产品设计提出了对新材料的需求，然后我们就会要求潜在的目标供应商提供基本情况，内容包括：公司概况、生产规模、生产能力、给哪些企业供货、ISO9000 认证、安全认证、相关记录、样品分析等，然后就是报价。”

随后，公司就要对该供应商作一个初步的现场考察，看看所说的和实际情况是否一致，现场考察基本上按 ISO9000 的要求进行。最后汇总这些材料交部品管理小组讨论。在供应商资格认定之后，公司各相关部门，品质部、部品部、采购部门等再进行正式的考察。如果正式考察认为没有问题，就可以小批量供货了。供货期考察一般进行 3 个月，若没有问题，再增加数量。

3．保持动态平衡

在实施供应链合作关系的过程中，市场需求和供应都在不断变化，必须在保持供应商相对稳定的条件下，根据实际情况及时修改供应商评价标准。或重新开始新的供应商评估。

TCL 有一个基本思路，合格的供应商队伍不应该总是静态的，而应该是动态的，这样才能引入竞争机制。徐洪涛说："要淘汰差的，引入好的，这是一个动态的概念。"

TCL 的供应商基本上是行业内出类拔萃的，也几乎都是主动找上门来的，希望能成为 TCL 的供应商。这也体现了市场经济的特点。徐洪涛说："不管我们处在怎样的环境，都遵循一个原则，就是希望我们发展，供应商也发展。我们希望和优秀的供应商一起发展。"

4．抓住关键要素

在所有的评估要素中，毫无疑问，质量是最基本的前提。如果产品质量过不了关，其余一切都免谈，没有再评的必要了。"我们要求自己的产品质量要满足客户的需求，所以就要保证我们的供应商提供的原器件能满足我们的品质要求。"徐洪涛说，"价格因素相当重要，但只有在质量得到保证的前提下，谈价格才有意义。"

目前，TCL 的供应商基本能做到 100％的产品合格率，因此，价格就成了评估的主要因素。TCL 会要求新的供应商提供一个成本分析表，内容包括生产某一原器件由哪些原材料组成、费用是如何构成的、看里面的价格空间还有多少，如果认为有不合理的因素在里面，就会要求供应商进行调整。

在中国，供应商的个人情况也被列为要素之一。中国企业的经营者素质参差不齐，所以，对经营者个人进行评估，在实际操作中的确有一定难度，只能从与经营者接触的过程中去考察。另外，他在行业中的口碑也很有一定的参考价值，但很难有一个统一的标准。

思考与练习

1．影响采购绩效评估的因素是什么？

2．描述采购绩效评估的内容。

3．描述采购绩效评估的意义。

第6章 国际采购

学习目标

通过本章的学习，学生应该能够解释国际采购的定义，阐述国际采购的原因；描述国际采购的方式，说明国际采购的风险；说明国际采购的过程。

6.1 概　　述

案例导入

耐克公司的全球采购

耐克公司是一个在供应基地既抓住廉价劳动成本又构建了先进技术能力的生动案例。它在全球为整个产品而不是部件进行寻源。在过去的20年中，耐克公司已发展起一个大约有40个供点（主要在亚洲的一些低收入国家）的供应基地。结果，耐克的pegasus跑鞋在美国的成本仅为零售价的25%左右。

耐克的全球性采购来自低成本和高成本国家的有效组合。最初，它的大量生产在韩国和中国台湾进行。但随着这些国家工资率的提高，耐克又发展了新的更低成本的供应商：印度尼西亚和中国内地。同时，耐克继续增加产品的技术复杂度，增添一些新特性如气垫嵌入物和多彩的鞋底板。相应地，韩国和中国台湾的高级供应商现在生产一些日益复杂的产品，而低工资国家和地区的新供应商生产简单的劳动密集型产品。

必备的理论知识

6.1.1 国际采购的定义和地位

国际采购是指企业向国外供应商采购组织所需要量的产品或服务，也就是进口。

随着贸易的国际化，在商业采购中对国外资源的采购不再是被看作一种不同寻常的活动。不仅是跨国公司，对于很多组织而言，国外资源已是主要资源。

国际采购通过以下几个方面使企业具有竞争优势：

① 降低成本。

② 提高质量。

③ 技术优势。

④ 提高可靠性和交货水平。

6.1.2 知识储备

1. 国际采购的原因

国际采购最初是面临竞争——主要是外国竞争的情况下，为降低生产成本而进行的尝试。目前国际采购已经超出成本降低的动机而成为获得产品、技术、交货提前期、劳动力和质量的战略手段。

最近的一项《战略与商业》调查显示，绝大多数公司在国外采购的第一原因是想获得低廉的劳动成本，其次是想获得技术。在这里我们介绍七个原因。

（1）价格

多数研究表明，对发达国家来说，国外供应商提供产品的总成本总要比国内供应商的低一些，这是进行全球性采购的主要原因。

（2）质量

总体来说，国外供应商的产品质量并不一定比国内供应商好，但正如我们前面所说的，在某些产品上，国外供应商的产品质量更稳定，比如说，以色列的滴水灌溉设备等。影响质量的因素有很多，像性能优良的新式设备，更精细的质量控制系统。日本一些供应商的成功之处在于其员工的终生归属感，使他们接受一次性做好的理念与责任，他们拥有更先进的质量控制系统。

（3）某些货物在国内无法得到

某些原材料，特别是自然资源，国内没有储备，只能大量从国外进口。例如，日本，作为一个岛国，本身的自然资源十分缺乏，只能选择进口。另外，随着相对经济优势的改变，一些制造业产品，如某些办公设备，和电脑相连的桌面式打印机、录像设备的生产等也开始逐渐向发展中国家转移。发达国家只能从国外进口这些产品。

（4）更快地交货和供应的连续性

受设备及生产能力所限，在一些情况下，国外的大型供应商交货速度要比国内的快。他们甚至可能在世界各地持有产品库存，一旦需要，就可以立即发运。有实力的供应商为了防止缺货风险可能会备有大量库存，从而能够保持供应的连续性，即使遇到一些特殊情况也不会影响采购方的生产。

（5）完善的技术服务

由于国际化分工的不断发展，特定专业的专有技术在不断变化，领先的国家也不断交替。为了能从最好的地方采购到最好的服务，或者是在适当的地点采购到适当的技术，需要在全球范围内选择供应商。假如国外厂家在本地有一个组织完善的分销网络，那么所能提供的担保服务及技术咨询等相关服务会做得比国内厂家更好。

（6）作为一种营销工具

为了能在其他国家出售本国生产的产品，可能会答应向那些国家的供应商采购一定金额的货物，数量由双方协商决定。这在国际贸易中是司空见惯的事情。

（7）出于竞争的考虑

引进国外供应商带来竞争，通常会给国内供应商施加压力。为了使自己和购买厂商的合作关系能够长期维持下去，供应商会不断地提高自己的生产效率，使其保持国际先进水平。另一方面采购者还可以进口或者进口威胁作为砝码，向国内供应厂商施加压力，以获得价格或其他方面的让步。一名公司采购人员说："如果不是供应商有进口的压力，我现在就不会有50元或者更高的折扣"。

2. 国际采购方式

目前，国际采购的方式主要有：国际贸易中介商、国际采购处和直接采购三种方式。

（1）国际贸易中介商

当决定要使用国际供应来源的物料时，最简单的方法就是通过中介商。合适中介商的选择应包含基本能力与所能提供的服务，中介商通常会在总交易成本中收取额外费用以避免无法预期的问题。国际贸易中介商的种类有：

1）进口商。进口商依据自己业务需求采购物资及利用自己的通路销售物资，承担了货物的关税及一切中介活动的风险，采购方可以通过进口商来避免各种进口的问题。事实上，可将这种交易方式看作国内采购。

2）代办处。代办处通常为国外供应商在国内设立，销售产品然后再收取佣金。他们会处理许多船运及关税事务，但他们并不会拥有货物所有权。

3）代理商。代理商是一家公司或个人，为国外公司的代表人，由供应商支付佣金。代理商的主要任务是办理船务、报关等业务，但并不像进口商那样，需承担财务风险。

4）经纪商。经纪商主要为不同国家买卖双方进行联系，其佣金来自买卖双方，因其从业性质如同为卖方寻找买主，也为卖主寻求供应来源。但在业务上并不包含船务、报关等。有时也担任特定用品的采购代理商并收取佣金。经纪商不承担任何一方的财务风险。

5）贸易公司。这是一大型的公司，独立扮演上述各种类型的中介商，为贸易网及作业技术提供许多好处与方便。

6）子公司。如同"中国NEC"及"中国日立"，子公司由国际性制造商所设立，以利于在中国从事销售。他们雇用当地人，成为当地买主在语言及时间问题上的缓冲者，并且以当地货币计价，且卖价已包括进口关税。但由于他们距离生产及销售决策者非常遥远，因此技术资讯不足。

（2）国际采购处

当企业在国外采购金额达到每年1亿～2亿元，就必须建立一个国际采购处。这个部门的任务是迅速了解当地资源，也就是增加供应商的供应来源。国际采购协会（IPO）的人员会评估供应并实地议价，视察品质、制造等，并且会站在本国买主的立场了解及获得更多的信息，如当地的缺货风险、劳动供应状况以及政府政策动向等。IPO也担任付款的角色，提供必要的协助给供应商。IPO的成员通常为国内制造商驻外技术人员。TPO采用成本中心制，以成本加1%～2%来收取服务费用。与其他的供应通路比较（如国外贸易中介商或直接合作关系），IPO则较有效率，唯一的缺点是IPO较倾向供应商而非本国的购买厂商。

（3）直接采购

直接与供应商交易通常会得到最低的采购价格（包含运输与进口关税），并可免除中介商的加成费，但是必须花费旅行、通信、后勤及翻译等成本。

直接采购包含了各种复杂的交易情况，正确的步骤可避免额外的费用给中间人，这些中间人可提供特别的业务。例如，海关经纪商可以帮忙处理进口文件，出口经纪商可代为办理出口报关，运输业者可代办船务。他们通常受托于没有处理能力的直接采购者。

必须广泛地搜寻有能力的国际直接供应商，以评估合格的供应商。其中，国际贸易中介商是最好的搜寻来源。但在目前，中介商致力于加强在供应中的通路，规避中介商最好的方法是与提供设计、制造及行销企划的主要厂商建立直接的联系。采购方也要将绩效回馈给供应商。采购方可以告知中介商自己欲拜访供应商的主要职员，借以建立关系。

6.1.3 国际采购流程

全球性采购的具体操作过程比较复杂，为了便于管理，我们介绍一种通用的采购过程。此过程共分为三个阶段，如图6.1所示。

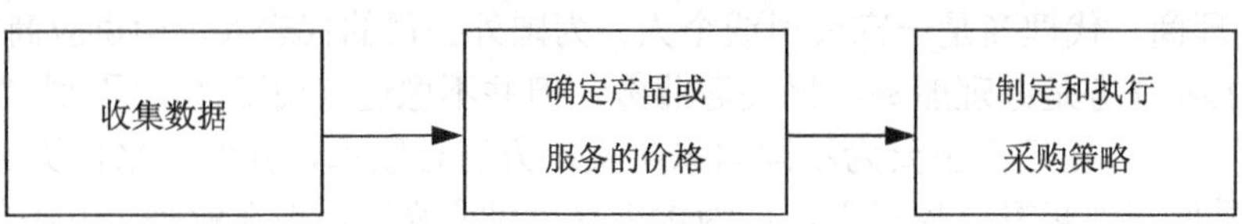

图6.1 国际采购过程

6.1.4 工作步骤和说明

1. 收集数据

第一阶段是收集数据。为了实现采购协作、获得最大的收益，实施采购行为的每个采购办公室都必须收集相关的数据。下面是我们列出的一个清单：

① 目前的需求。

② 对需求进行预测所得的数据。

③ 当前的供应商。

④ 潜在的供应商。

⑤ 产品特性。

⑥ 交易货币。

⑦ 总配送成本。

为了降低总成本，很多公司要求他们的采购组织同供应商进行谈判，以最大限度地降低送货价格。

2. 确定产品或服务的价格

国际采购的第二阶段是确定产品或服务的价格。传统采购活动的重点在于将供应商的不同报价进行详细比较，从而做出选择。如果公司在单个地理区域的供应商市场中采购，可以采用这种方法；但是如果公司愿意采用全球性采购的方法进行采购，这些传统的方法就不一定是最理想的方式了，搜集所有的数据进行比较是一个既耗时又耗费人力、财力的工作。更有效的方法是直接寻找在全球市场上最低的材料价格，而后进行谈判。在谈判前，组织必须知道它们所期望的某种特定材料的最低支付价格是多少。下面我们就介绍如何进行产品估价的一些分析方法。

（1）数据分析

为确定产品的当前价值，并提出期望价格，必须对收集来的数据进行分析。这一过程可以通过以下步骤实现：

1）建立一个转换表，按照当前汇率将当前价格转换为适用于大多数交易的货币价格。

2）对“潜力很大”的产品进行详细的成本分析。

3）建立期望目标。

（2）成本分析

在建立期望时，可以使用两种方法：

1）最小离岸价分析法。这种方法主要是比较供应商每个供应地点的离岸价格，包括送货过程的价格，通过计算，找出最小离岸价。接下来，就以此为基础为每个接货的地点建立一个期望价格。

2）成本变动分析法。成本变动分析需要先建立一个成本模型，然后比较离岸价格和成本模型，其中成本变动被看作是离岸价格的一个百分比。成本模型应建立在实际成本基础之上，实际成本是供应商在其生产经营所在地发生的成本。之所以选择成本模型，是因为它能反映供应商成本结构中比重最高的成本因素。当然，如果有一种完善的成本模型能够包含所有的成本因素，则是最理想的；但这通常难以达到，因此只有建立一个只强调主要的成本因素的简单成本模型。每个确定的模型都应该是专门针对每个供应商的离岸价格建立的。基本的等式是

$$\text{成本变动}=\frac{\text{出口价格}-\text{材料成本}}{\text{出口价格}}$$

期望价格的计算公式为

$$\text{期望价格}=\frac{\text{材料成本}}{1-\text{期望成本变动}}$$

在计算出所有的数据以后，我们就可以通过比较制定公司期望的产品价格。

3. 制定和执行采购战略

（1）制定战略

在确定了期望价格之后，应制定一个实现目标的采购战略。这一战略应包括以下步骤的全部或一部分：

① 消除最小离岸价分析和成本变动分析中价格的差异。

② 通过在现有供应商中重新分配订购数量，使规模效应最大化。

③ 减少供应商数量，重新安排订购规模。

传统采购方式主要以在供应商中重新分配采购规模带来的收益最大化为目标，希望签下一个或少数几个“大宗订单”。然而，以上所述战略提供了一个更严密的分阶段的方法，使每个阶段的利益都最大化。这样供应商就可以利用这一机会，提供初期的数量激励，以强调价格的不同。

① 消除价格差异。经验表明，根据最小离岸价分析和成本变动分析设定的混合目标能够产生最佳的结果。以最小离岸价分析为基础平衡价格将产生一种价格，称为“影子定价法”。而以成本变动分析为基础平衡价格产生的结果，则反映了每个供应商的库存水平或流程的效率。这种灵活运用两种方法产生目标的做法可以产生最大的收益。

② 在现有供应商之间重新分配订购规模。如果第一步的价格杠杆作用实现了，就有可能接近和获得在现有供应商之间重新分配订购规模的利益。供应商利用成本变动分析方法提供的规模价格分析，将显示出固定成本分摊对采购数量的影响。对于额外增加的数量所降低的成本变动更能说明这一点。成本变动百分比的变化表明了与供应商价格战略相关的数量规模具有敏感性。

③ 在数量减少了的供应商中重新分配订购规模。这一步并不是每个采购者都需要进行的。只有那些供应商数量确实发生了变化的采购商才需要进行这一步。很显然，如

果把一个或更多的供应商排除在考虑范围之外，那么剩余的供应商能够分到的订货量就增加了。但有一点必须明确，那就是每个供应商的实际供应能力，减少后的供应商必须能够供应所需求的采购数量，确定计划时还应包括缓冲或储备的余地。运用成本变动分析方法进行的敏感性分析，可以用来预测固定成本的分摊影响，然后，可以确定每个供应商的谈判目标。

（2）战略监督和谈判

制定了战略之后，就可以开始为实现战略目标而谈判了。采购方在谈判的组织、内容和程序上都必须谨慎，以便实现最大利益。

1）组织谈判。在任何全球性的谈判中，都必须非常清楚谁负责谈判的进程，谁是最终合同的最终决策者。被授权做出最终决策的个人也应该选择谈判小组成员，制定谈判内容和程序。在组织谈判阶段应做一些准备工作，例如，分析供应商的地位，考察采购物品，分析采购上的财务状况，生产能力等。

2）谈判内容结构。谈判内容必须有一定的安排，以便实现组织的利益最大化，使谈判向着有利于己方的方向进行。谈判中应考虑到组织目标、时限、候选供应商、合同条款和数量敏感性。

① 谈判目标必须建立在谈判能力之上，谈判能力主要包括是否能够在现有或新的供应商中重新分配订货数量以及是否可以通过减少供应商数量集中采购数量。这些能力将决定谈判的最终内容结构和采购方在谈判中的地位。

② 在现有或新的供应商中重新分配订货数量，要求采购方所有正在使用的订货点都可以对其他供应商开放。这可能是一个非常正式的过程，而且可能需要几个月时间。为了确保目标的顺利实现，还需要对数据进行详细分析并完善目标。

③ 对于那些已经减少了供应商数量的组织，事先要根据对采购数量的集中要求来改进目标并获得供应商的赞同。因为减少供应商的数量，我们必须对候选供应商可提供的能力进行详细的分析，以确保采购数量得到保证。如果有些供应商确实存在困难，我们应当帮助那些面临挑战的供应商制定应急计划。

3）谈判程序。如果谈判程序恰当，往往会给采购方带来意想不到的收获，因此必须加以重视。谈判的决定权，在谈判小组建立后就应当赋予谈判小组的领导和小组成员。小组领导和成员必须认真规划谈判程序，以便在谈判各阶段都安排有足够的反应时间，得到有价值的结果。

当我们试图“平衡价格”时，第一个要进行谈判的供应商应该是最可能重新考虑定价的供应商。如果谈判结果不符合定价目标或超过定价目标，可以考虑对这一新的价格进行成本变动分析和最小离岸价分析。整个谈判期间，随着谈判的不断深入，我们都应适应环境的变化，随时进行对目标的重新评估。

同样，重新分配订购规模时，最开始应该与那些曾经对增加订货量表示欢迎的供应商，或者是那些每年都有大量富余能力的供应商进行谈判。然后再使用成本变动法或最小离岸价分析法根据初步的谈判结果，对定价目标进行重新评估。

小　结

本节介绍了国际采购的定义、国际采购的原因、国际采购方式和国际采购流程。

相关作业

画图说明国际采购的流程。

6.2　国际采购结算

案例导入

在全球经营的大背景下，日本企业为了降低生产成本，对国际化经营的热情很高。一般而言，海外生产的零部件要比日本国内生产的零部件成本低，因此，扩大海外工厂的零部件采购量可以减少产品成本。目前，以金额计算，日本国内生产产品的零部件采购于海外的比例，电视机为25%，录像机为20%，空调为10%。如果这些比例进一步扩大，成本降低的潜力还是很大的。

制约家电企业海外采购比重不高的主要原因是企业对国内生产产品的海外采购比例有一定的标准，限制了不少零部件的海外采购量。家电企业海外采购较多的零部件主要是变压器、电容器等通用部件。随着海外生产的扩大和降低成本的要求，采购海外零部件的范围和规模正在不断扩大。

必备的理论知识

6.2.1　国际采购结算方式及其地位

任何国际采购业务都将涉及支付。对于采购方来说，了解多种支付方式及相关的银行业务是至关重要的，因为支付方式不仅可以减少立即付现的问题，而且还可以为买方提供最大限度的保障，买方可以把支付方式当作一种担保的工具来使用，特别需要注意的是：在采购货物或代表货物的单据未收到前不进行支付；支付只在装船日、交单日或其他双方约定的日期开始，并在规定的期限内进行；累计式支付方式应与交货过程中一些重要步骤联系。

与国内采购业务不同的是，国际采购一般有三种支付方式，即预付、跟单汇票和信用证。

6.2.2 知识储备

1. 预付

预付，从采购方立场来看这是最不理想的支付方式，因为采购方要承担未交货的风险。因此，采购方应该拒绝这种方式，除非万不得已，例如，货物需按合同规定制造，如不预付货款，卖方拒绝提前生产；卖方的财政状况较差，因此急需缺乏的资金，否则将没有能力履行合同，预付不需要一次性付清全部的货款，一般采用逐步递增的分期付款方式。

2. 跟单汇票

大量的国际采购是采用跟单汇票支付的方式。一般出口商不愿意在货款未收到前交货，采购商则不愿意在货物未收到前支付货款，跟单汇票成了两者之间的桥梁，通过跟单汇票的方式，银行间双方提供保证。

这种支付方式又可分为两种：付款交单（即通常所说的凭单据付款）和承兑交单。

（1）付款交单

在付款交单的方式下，出口商的银行将单据寄交给采购商的代理行，再由采购方代理行向买方提示单据，买方凭单据付款以获得货物的所有权，出口商必须提交给银行的单据，将由采购商鉴别，并且要与买卖合同的有关条款完全相符，通常包括：发票；包装说明或重量表；如果是以 CIF 或其他条件由卖方支付保险的贸易方式成交，则需保险单据或保险凭证；提单或其他运输单据，包括多种方式的联运单据；原产地证明书。

（2）承兑交单

在承兑交单的情况下，代理行将向买方出示汇票。由买方签字以表示其承担付款的责任。承兑后，单据被交给买方，使其获得了货物的所有权。在付款到期日银行将再次向买方提示票据，这时买方付款。

跟单汇票的方式对采购商更为有利，因为只有在收到了代表货物所有权的单据后才付款，而出口商则面临着买方可能拒收单据或在承兑交单的情况下承兑后拒付这些问题，从采购方立场看，凭单支付还具有另一方面的优点，即银行的手续费低廉。

3. 信用证

信用证（letter of credit，LC）是国际采购业务中最普遍使用的一种支付方式。它之所以这样普及是因为它向双方提供了可靠的保证，并且使出口商更易得到资金的保障。

信用证是定义为银行作出的有条件的付款承诺，即银行根据开证申请人的请求和指示，向受益人开具的有一定金额、并在一定期限内凭规定的单据承诺付款的书面文件；或者是银行在规定金额、日期和单据的条件下，愿代开证明申请人承购受益人汇票的保证书。

信用证还可以定义为：由银行代表买方出具的承诺到货后付款的证明文件。

6.2.3 信用证的工作流程

图 6.2 描述了信用证的工作流程。

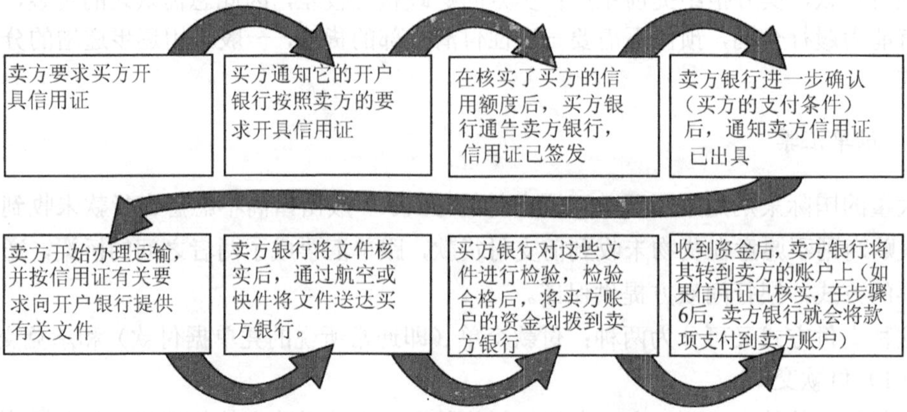

图 6.2 信用证的工作流程

6.2.4 工作步骤和说明

信用证是应买方的申请而开立的，买方必须给银行以详细的指示，以便把所有必要的条件列入信用证条款，买方在作这样的指示时应该非常谨慎：因为一旦信用证开立，单方面就不能撤销。

（1）信用证包括的内容

信用证包括以下内容：

① 正确、完整的受益人名称和地址。

② 信用证金额。

③ 信用证类型。

④ 信用证是否可用于付款、承兑及议付。

⑤ 付款行及其付款程序。

⑥ 对货物的简要说明，包括详细数量和单价。

⑦ 运费是否预付。

⑧ 所需单据细目。

⑨ 装运地、交货地或接管地及目的地。
⑩ 货物的运输是否允许转船或转换运输方式或绕道运输。
⑪ 是否允许分批装运。
⑫ 装运期/交货期（如果有的话）。
⑬ 开出提单或其他运输单据后必须交单付款、承兑或议付的期限。
⑭ 信用证到期地点和日期。
⑮ 信用证是否可转让。
⑯ 信用证如何通知、邮寄、电报或电传。

（2）跟单信用证的支付

跟单信用证的支付是以提交信用证中规定的单据为基础的，因此必须非常仔细地审查单据以保证所需单据都已提交、各单据相互之间不矛盾、不存在单据不符现象。

由于信用证受到法律上“严格符合的原则”的制约，银行可以因单据上极小的误差而拒付。这一原则实际上是对买方利益的一种保障。

（3）单据中最常见的不符现象

① 有附注的（不洁）提单。
② 包租船提单，与信用证相悖。
③ 装船港与信用证规定不符。
④ 所提交的保险单类型与信用证要求不符。
⑤ 投保的风险责任范围与信用证规定不符。
⑥ 投保金额过低。
⑦ 保险不是从装船单据日生效。
⑧ 单据间不一致。
⑨ 发票中对货物的说明与信用证不符。
⑩ 商标、数量和单据不一致。
⑪ 超出信用证金额。
⑫ 信用证已过期。
⑬ 提交单据不及时。
⑭ 延期装运。
⑮ 少装。
⑯ 缺少信用证所需单据。
⑰ 汇票的受票人错写。
⑱ 汇票的到期日不明确。
⑲ 提单、保险单或汇票背书不正确。
⑳ 所提交的单据上没有按所要求的背书。
㉑ 提单未注明运费是否已付。

如果买方对卖方是非常有诚意的，并确信卖方已经履行了买卖合同，即已按合同规定的数量、质量要求将货物装船，即使单据中有细小的不符，也可指示银行付款。

知识链接

信用证的种类

1．可撤销信用证

可撤销信用证是指开证行可不必通知卖方，在买方的指示下随时修改或撤销，因此，可撤销信用证为买方提供了很大的灵活性，而却未给卖方带来任何安全感，在国际贸易中，这种可撤销信用证几乎是不用的。

2．不可撤销信用证

不可撤销信用证只有在所有当事人同意的前提下才可以撤销或修改。因此，这种信用证使卖方获得了更多的保障而买方则失去了灵活变通，因为一旦开出不可撤销信用证，买方就不能不付款。

3．保兑信用证

如果使用保兑信用证，买方有一定的风险。例如，由于承诺是由国外的开证行作出的，从而引起的转付款项问题，为了减少风险，卖方要求一家当地银行对不可撤销信用证加以保兑。信用证经保兑后，只要单证相符，卖方即可向当地保兑行交单收汇而免受追索。从卖方立场看，保兑信用证是最好的，但这种信用证对买方来说却是最不好的。因为保兑而增加的费用与开立信用证的费用一样高。因此，买方应拒绝卖方开立这种信用证的要求，买方可以强调开证行是某著名的银行，无须第三方人保兑，买方还可表示只要卖方承担因保兑而引起的费用，不反对对信用证进行保兑。

4．循环信用证

循环信用证可在被使用后不经特别修改而恢复原有金额再使用，并可按时间或金额循环。

5．红条款信用证

这种信用证有一条特殊的条款，授权通知银行或保兑行在交单前预付给受益人（卖方）信用证金额的部分或全部，当经销商、代理商或任何其他卖方要求预付而买方又愿意向卖方提供资金融通时，就可使用此种信用证。

买方开立此种信用证必须非常谨慎，因为如果卖方不能装运或交单清算却已收到预付，银行就会向买方追索，买方必须连同利息向银行偿还预付金额。

6．可转让信用证

这种信用证可以由卖方（第一受益人）转让给一个或更多的第二受益人。当第一受益人只是中间商而需将信用证转给向其提供货物的一方（第二受益人）时，才使用此种信用证，这种信用证只可转让一次。

7．背对背信用证

这种信用证也是用于当卖方只是中间商时，如果卖方没有要求也不想开立可转让信用证，以不给买方留下其不是真正供货人的印象，就可使用背对背信用证。其程序是：第一受益人将向银行提供原始信用证作为保证，要求以另一方为受益人开立第二份信用证。

知识链接

国际贸易术语

国际贸易和国际采购的买卖双方，一般来说分处两地、远隔重洋。货物自卖方所在地运至买方所在地，往往要经过长途运输，多次转运装卸和储存，其间要办理与货物进出口相关的运输保险、报关等手续，并支付相应的运费、装卸费、保险费、仓储费以及各种税费等。此外，货物在转运过程中还可能遭受各种自然灾害和意外事故等风险。若在每笔交易过程中买卖双方要对上述问题进行逐一磋商的话，显得费时费力；经过长期的贸易实践，逐渐形成了各种贸易术语，以此来确定买卖双方在货物交接过程中，各自承担的责任、费用和风险。

1．国际贸易术语的含义

国际贸易术语是指用一个简短的概念或简短的英文缩写字母来表明货物的单价构成和买卖双方各自承担的责任、费用与风险的划分界限，以确定买卖双方在交接货过程中应尽的义务。

2．国际贸易术语的作用

国际贸易术语可以简化买卖双方磋商的内容、缩短交易磋商的进程与促进成交、节省业务费用和时间等。

3．国际贸易术语的解释

早在 19 世纪初，在国际贸易中就开始使用贸易术语，但是由于各国法律制度、贸易惯例和习惯做法不同，不同国家对各种贸易术语的理解与运用互有差异，从而容易引起贸易纠纷。为了避免各国在对国际贸易术语解释上出现分歧和引起争议，有些国际组织和商业团体分别就某些国际贸易术语作出了统一的解释与规定。其中影响较大的有:

- 国际商会（ICC）制定的“国际贸易术语解释通则”（INCOTERMS）
- 国际法协会制定的“1932 年华沙 · 牛津规则”
- 美国商业团体制定的“1941 年美国对外贸易定义修订本”

4．国际贸易术语解释通则（INCOTERMS）

INCOTERMS 是由国际商会（ICC）制定的。INCOTERMS 是当前在国际贸易中使用最广的、影响力最大的有关国际贸易术语的解释通则。1936 年，ICC 制定了一套解释国际贸易术语的具有国际性的统一规则，定名为“INCOTERMS1936”。1953 年、1967 年、1976 年、1980 年、1990 年、2000 年分别作了六次修改。当前公布实施的是“2000 年国际贸易术语解释通则”，简称“INCOTERMS2000”。

（1）INCOTERMS 的界定

INCOTERMS（国际贸易术语解释通则）界定的三个主要方面为:

1）供应商的准确交货地点。

2）买方或供应商对于运费、运输和保险应承担的责任。

3）在运输中货物的风险从供应商向买方的转移点。

INCOTERMS 对买卖双方都有好处。INCOTERMS 可以避免对于“谁应该做什么”发生争执。例如:

- 谁应该负责货物的出口或进口清关
- 谁应该支付装载、运输和卸载货物的费用
- 谁应该承担在运输中货物丢失或受损的风险
- 谁应该取得防御这些风险的保险赔偿

（2）使用 INCOTERMS 的注意事项

1）INCOTERMS 并非法律。因此对买卖双方没有强制约束力，可采用也可不采用。

2）如果买卖双方在合同中明确表示采用 INCOTERMS，那么 INCOTERMS 对买卖双方均有约束力。合同中标明“ICC INCOTERMS2000 Apply”。

3）如果合同中明确采用 INCOTERMS，但又在合同中规定与 INCOTERMS 相抵触的条款，只要这些条款与本国法律不矛盾，就将受到有关国家法律的承认和保护，也就是说以合同条款为准。

4）如果合同中既没有对某一问题做出明确规定，也没有说明采用 INCOTERMS，当发生争议诉诸诉讼或提交仲裁时，法庭和仲裁机构可以引用 INCOTERMS 作为判决或裁决的依据。

5）INCOTERMS 涵盖的范围仅限于销售合同当事人的权利义务中与货物交货有关的事项，而不涉及财产所有权的转移。

6）鉴于 INCOTERMS 不断修改，买卖双方在签订合同时，对 INCOTERMS 应注明版别，以免引起误解和纠纷。

5．INCOTERMS 关键术语的内容

INCOTERMS 关键术语的内容如表 6.1 所示。

表 6.1 INCOTERMS 关键术语的内容

E 组（启运）	EXW（Ex works）	工厂交货
F 组（主要运费未付）	FCA（free carrier）	货交承运人
	FAS （free alongside ship）	装运港船边交货
	FOB （free on board）	装运港船上交货
C 组（主要运费已付）	CFR（cost and freight）	成本加运费
	CIF （cost insurance and freight）	成本、保险费加运费
	CPT （carriage paid to）	运费付至目的地
	CIP （carriage and insurance paid to）	运费、保险费付至目的地
D 组（抵达）	DAF （delivered at frontier）	边境交货
	DES （delivered ex ship）	目的港船上交货
	DEQ （delivered ex quay）	目的港码头交货
	DDU （delivered duty unpaid）	未完税交货
	DDP （delivered duty paid）	完税后交货

6．INCOTERMS 关键术语详解

（1）EXW：工厂交货（指定地点）

1）地点：在卖方所在地或者其他指定地点（工厂、仓库等）交货。

2）费用：卖方不办理出口清关手续，卖方负责交货前的费用，买方承担受领货物后的全部费用。

3）风险：货交买方时风险转移，买方承担受领货物后的全部风险。

该术语适用于任何运输方式，包括多式联运。

EXW 术语是卖方承担责任最小的术语。在买方不能直接或间接的办理出口手续时，不应该使用该术语，而应使用 FCA。

（2）FCA：货交承运人（指定地点）

1）地点：卖方将货物在指定地点交给买方指定的承运人。

2）费用：卖方负责办理出口清关手续，以货交承运人作为交货点，卖方承担交货点之前的费用。

3）风险：卖方在指定地点交货时风险转移。

该术语适用于任何运输方式，包括多式联运。尤其适合以集装箱为媒介的运输方式。FCA 以货交承运人作为风险和费用划分界限，不涉及装船费用的处理问题。但是卖方在出口报价时应考虑商品集合包装的相应费用。

（3）FAS：装运港船边交货（指定装运港）

1）地点：卖方在买方指定的装运港将货物交到船边，即完成交货。

2）费用：卖方承担货交船边为止的费用，卖方负责办理出口清关手续。

3）风险：卖方在船边交货时风险转移。

该术语仅适用于海运或内河运输。

INCOTERMS2000 规定：FAS 术语要求卖方办理出口清关手续，这一规定与以前版本的通则内容相反，以前版本要求买方安排办理出口手续。

（4）FOB：装运港船上交货（指定装运港）

1）地点：卖方在指定装运港将货物交至买方指定的船上，即完成交货。

2）费用：卖方承担货物越过船舷为止的交货费用和装货费用，卖方负责办理出口清关手续。

3）风险：货物在指定装运港越过船舷时风险转移。

该术语仅适用于海运或内河运输。

（5）CFR：成本加运费（指定目的港）

1）地点：卖方在指定装运港将货物交至运往指定目的港的船上。

2）费用：卖方承担到指定目的港的所有成本和运费，卖方办理出口清关手续。

3）风险：货物在装运港越过船舷时风险转移。

该术语仅适用于海运或内河运输。

CFR 与 CIF 相比，除保险责任外，其他内容基本相同。由于在 CFR 贸易术语中，由卖方办理运输，而由买方办理保险，因此卖方装船后应及时向买方发出装船通知，以使买方及时办理保险事宜，以免漏保。

（6）CIF：成本、保险费加运费（指定目的港）

1）地点：卖方在指定装运港将货物交至运往指定目的港的船上。

2）费用：卖方负担到指定目的港的所有成本、运费和保险费，卖方办理货物出口清关手续。

3）风险：货物在装运港越过船舷时风险转移。

该术语仅适用于海运或内河运输。

CIF 合同属于装运合同，是象征性交货，有别于到达合同。

（7）CPT：运费付至（指定目的地）

1）地点：货物移交第一承运人或代理人的地方交货。

2）费用：卖方承担到指定目的地的所有成本和运费，卖方办理出口清关手续。

3）风险：货物移交第一承运人或代理人时风险转移。

该术语适用于各种运输方式，包括多式联运，尤其适合以集装箱为媒介的运输方式。

（8）CIP：运费、保险费付至（指定目的地）

1）地点：货物移交第一承运人或代理人的地方交货

2）费用：卖方承担到指定目的地的所有成本、运费和保险费，卖方办理出口清关手续。

3）风险：货物移交第一承运人或代理人时风险转移。

该术语适用于各种运输方式，包括多式联运，尤其适合以集装箱为媒介的运输方式。

（9）DAF：边境交货（指定地点）

1）地点：卖方在边境指定地点，将仍处于交货的运输工具上的尚未卸下的货物交给买方处置，办妥了货物出口清关手续但尚未办理进口清关手续时，即完成交货。

2）费用：卖方承担到边境指定地点的所有成本和运费。

3）风险：货物交买方时风险转移。

该术语适用于陆地边界交货的各种运输方式。

“边境”一词可用于任何边境，包括出口国边境。因而，用指定地点准确界定所指边境，这是极为重要的。

DAF术语适用于陆地边界交货的各种运输方式，当在目的港船上或码头交货时，应使用DES或者DEQ术语。

（10）DES：目的港船上交货（指定目的港）

1）地点：在指定目的港，卖方将货物在船上交给买方处置，但不办理货物进口清关手续，卖方即完成交货。

2）费用：卖方承担到指定目的港的所有成本和运费，但是不承担卸货的费用。

3）风险：货物到指定目的港船上交付时风险转移。

该术语适用于海运或内河运输。

（11）DEQ：目的港码头交货（指定目的港）

1）地点：卖方在指定目的港码头将货物交给买方处置，不办理进口清关手续，即完成交货。

2）费用：卖方承担到指定目的港的所有成本和运费，并承担卸货至码头的费用。

3）风险：货物在指定目的港被卸载时风险转移。

该术语适用于海运或内河运输。

DEQ术语要求买方办理进口清关手续并在进口时交付一切办理海关手续的费用、关税、税款和其他费用。这和以前版本相反，以前版本要求卖方办理进口清关手续。

（12）DDU：未完税交货（指定目的地）

1）地点：卖方将货物运至进口国的指定目的地，交由买方处置。

2）费用：卖方承担到指定目的地的所有费用，但是不包括关税、捐税及进口时应支付的其他费用。以及办理海关手续的费用。

3）风险：货物在指定目的地交付时风险转移。

该术语适用于各种运输方式，实际业务中多以集装箱方式装载。

DDU 术语，买方必须承担由于他没有及时办理货物进口清关手续而引起的额外费用和风险。

（13）DDP：完税后交货（指定目的地）

1）地点：卖方在进口国的指定目的地，办理完进口清关手续，将运输工具上的尚未卸下的货物交至买方即完成交货。

2）费用：卖方承担到指定目的地的所有费用，包括关税、捐税和其他进口费用，并办理货物进口清关。

3）风险：货物在指定目的地交付时风险转移。

该术语适用于各种运输方式。

DDP 术语是卖方承担最大责任的一种贸易术语。若卖方不能直接或间接取得进口许可证，则不应使用此术语。

如果买方愿意支付本地的增值税（VAT），那么术语为“DDP，VAT unpaid”（“DDP，增值税未付”）。

7．不同贸易术语的选用

选用不同的贸易术语，买卖双方在交接货过程中所承担的风险、费用及手续是不同的。FOB、FCA、CFR、CPT、CIF、CIP 六种贸易术语，由于风险、费用及手续划分较为合理均衡，在实践中被广泛使用。实际业务中到底选择哪种贸易术语，要依据具体的交易情况而定。但作为一般原则，当我方出口时最好选用 CFR、CPT、CIF 或以 CIP，进口时最好选用 FOB 或 FCA。因为这种选用意味着由我方负责办理运输和保险手续。

但是应该注意：进出口是同一硬币的两面，实践中能否按我方要求选用贸易术语，要看具体交易对象及双方的谈判地位和能力而定。

如果买方乐于安排提货，那么 EXW/（工厂交货）对卖方最方便。DDP（完税后交货）对买方最方便，并且可以促进买方从卖方处进行更多的购买。

当 INCOTERMS 不清楚时，买卖双方必须事先约定由谁来支付和承担。例如：

1）FCA（货交承运人）：谁来承担承运人场站的装卸费（THC）？

2）DEQ（目的港码头交货）：谁来承担指定目的港的关税？

3）DDU（未完税交货）：买方承担的进口费用是否包括集装箱卸货费？

4）DDP（完税后交货）：增值税（VAT）或者其他税金是否由卖方承担？

5）国际商会 505 出版物（ICC505）有三个关键性解释有助于消除歧义：

① FOB/FCA：如何选择？卖方将货物交给买方指定的承运人，或在装运点交给代表承运人接货的经办人，建议买卖 FOB 术语仅应用于当货物经过船舷这一关键点而交给买方指定的承运人。如果，无论何时以双方使用 FCA 术语而非 FOB。

主要理由是，无论以 FOB 条件成交的货物在哪个装货点，卖方必须承担从装运点到船舷间的一切风险和费用，如果他在装运点放弃对货物的控制，就意味着其让渡了货物在装货点至船舷之间的监管权利。

② FCA：谁来承担承运人场站的装卸费（THC）这取决于“送货”行为发生的准确地点。例如，一般情况是货物在卖方仓库收齐装车，交至买方指定的装运点经办人手里，并将货卸在买方的仓库，这就是具体的送货地点，并由卖方负责支付集货及将货卸下的费用。装货点经办人立即或稍后将货物装上集装箱，并依次装车或装船。此后，经办人代表买方支付集装箱装货费及其他所有费用。

在此强烈建议，除非有现成的贸易或港口的惯例，否则，买卖双方应具体明确谁将支付当中的费用，如THC装卸费及其他费用等。

8．变型的国际贸易术语

某些国家的公司使用变型的术语，如“EXW Load”、“C&F Free Out”及其他形式等。买卖双方在可能的情况下应尽量使用并遵守国际贸易术语并附加说明，这是非常可取的。如上例，无论何时需要，否则，它可能导致一方认为另一方将支付诸如装车及卸车费用等，并且为收到额外的支付发票而感到不快。

想一想：
国际贸易术语的用途是什么？

小　结

本节介绍了国际采购结算方式和信用证结算流程。

相关作业

画图说明信用证结算流程。

本章小结

随着贸易的国际化，在商业采购中对国外资源的采购不再被看作一种不同寻常的活动。今天，很难找到一个组织不使用国外供应源。不仅仅是跨国公司，对于很多组织而言，国外资源已是主要资源。

本章对国际采购的定义、国际采购方式、国际采购结算方式做了比较详细的介绍；通过本章的学习，应熟悉国际采购的基本知识，掌握国际采购的基本技能。

案例分析

西门子移动通信公司实施全球化采购

西门子移动通信公司的供应商浩如烟海，分布在全球的各个角落。全球集约化采购，是西门子进行采购管理、节约采购成本的关键。

1. 西门子移动通信公司全球统一采购的方法与特色

过去很长一段时间里，西门子通讯、能源、交通、医疗、照明、自动化与控制等各个产业部门根据各自的需求独立采购。随着西门子公司的逐渐扩大和发展，采购部门发现不少的元部件需求是重叠的：通讯产业需要订购液晶显示元件，而自动化和控制分部也需要购买相同的元件。各部门各行其是，购买数额有多有少，选择的供应商各有不同，造成同一产品的质量、价格与服务差异悬殊。

精明的西门子人很快就看到了沉淀在这里的“采购成本”。3 年前，西门子设立了一个采购委员会，协调全球的采购需求，把六大产业部门所有公司的采购需求汇总起来，这样，西门子可以用一个声音同供应商进行沟通。大订单在手，就可以吸引全球供应商进行角逐，西门子在谈判桌上的声音就可以响亮很多。

对于供应商来说，这也是一个好事情。以前一个供应商，可能要与西门子的六个不同产业部门打交道，现在他们只需要与一个“全球大老板”谈判，只要产品、价格和服务过硬，就可以拿到全球的订单，当然也省下不少时间和精力，

西门子的全球采购委员会直接管理全球材料经理，每位材料经理负责特定材料领域的全球性采购，找寻合适的供应商，达到成本节约指标，确保材料的充足供应。

西门子移动通信公司的采购系统另一个特色是，在采购部门和研发设计部门之间，有一个“高级采购工程部门”。作为一座架在采购部门和研发部门之间的桥梁，高级采购工程部门的作用是在研发设计的阶段就用采购部门的眼光来看问题，充分考虑到未来采购的需求和生产成本上的限制。西门子的高级采购工程部门（APE）能够起到从设计源头上压缩采购成本的作用。如果设计原型中一个部件的价格是 11 欧元，而目标价格只有 6 欧元，那么设计就要做相应的修改：用更少的元部件或用更加集成的元部件。有的时候，高级采购工程部门的任务就是用目标价格倒推成本。

2. 采购的协调——反应灵活与角色定位

有了这些充分集权的中央型采购，还需要反应灵活的地区性采购部门来进行实际操作。由于产业链分布在各个国家，西门子移动通信公司在各地区采购部门的角色很不一样。

日本西门子移动通信公司采购部门的角色类似于一个协调者。由于掌握着核心技

术，日本的供应商如东芝和松下直接参与了西门子手机的早期开发。西门子移动通信公司需要知道哪些需求在技术上是可行的，哪些是不可行的，而东芝和松下等企业也要知道西门子想要得到什么产品，采购部门的主要工作就是与日本供应商的研发中心进行研发技术方面的协调、沟通和同步运作。

中国西门子移动通信公司采购部的角色重心就是利用中国市场的廉价材料，降低生产成本，提高西门子手机的全球竞争力。

3．供应管理——竞争与评价

西门子除了给供应商持续的成本压力以外，还充分利用订单份额来做诱饵，让现有的两三个供应商充分竞争。只有价格最低的供应商，才会得到西门子更大的订单。西门子有时也会故意放一两个新的供应商进场，打破原有的供应商竞争格局。新供应商更好的服务和更低的价格会迫使老供应商降低价格、提高服务，西门子移动通信公司就可以坐收“渔翁”之利。

每年年底，西门子移动通信公司内部所有与供应商有过接触的部门还会对供应商的产品价格、物流服务能力、产品质量三方面的总拥有成本（TOC）进行评分。成本最高的供应商，可能就会失去大笔订单。在竞争面前，供应商自然会对自己的产品质量、产品价格、物流服务等各方面严格审核，以期达到西门子的高标准严要求。

为了使选择供应商的过程尽可能公平透明，西门子还使用了一套网上竞价（E-bidding）系统，现有的供应商在供应上必须靠过硬的质量、价格和服务来与其他的供应商进行竞争，以维持自身与西门子的长期供应商关系。这套体系的好处是，所有的供应商都知道其他供应商能做什么，这样就能将价格和服务的底线推到循环竞争的极限。在未来的规划中，西门子移动通信公司50%的采购量都会通过这套系统来进行。

通过保持这样的一种“充分竞争”的环境，西门子移动通信公司能非常高效率地管理自己的供应商，节约采购成本。

思考与练习

1．国际采购可以给企业带来什么优势？产生这些优势的可能原因是什么？
2．国际采购支付的三种方式是什么？
3．让海外资源成为一个可靠的选择的主要原因是什么？

小组模拟仿真

要求小组讨论，并将活动成果以小组为单位提交电子作业。

1. 岗位角色

每组 10 人，分为三组：
A 组，2 人，作为耐克公司的采购经理；
B 组，4 人，中国的供应商；
C 组，4 人，韩国的供应商。

2. 模拟案例

耐克公司向中国和韩国供应商采购，并采用信用证方式结算。

3. 模拟步骤

1）各小组明确各自职责范围。
2）各组人员按活动要求准备各自资料或进行工作准备。
3）活动中，各小组成员密切配合，按相关程序进行。
4）进行一个完整的结算过程描述。

4. 作业展示及点评

考核评分见下表。

考核评分表

考评小组		被考评小组	
考评地点			
考评内容	信用证结算方式		
考评标准	内容	分值	实际得分
合计		100	

注：考评满分为 100 分，60～74 分为及格；75～84 为良好；85 分以上（含 85 分）为优秀。

第7章 资本性资产采购

学习目标

通过本章的学习应该掌握资本性资产的含义和特点，识别资本性资产采购与一般物品采购的区别，熟悉作为资本性资产的采购范围的租赁和租借。

7.1 概　　述

案例导入

许多公司都认为，采购资本性资产时不需要采购专家的意见，而应严格听取一些工程师、生产人员和财政人员的建议。只有在签订合同时或者想在价格上取得优惠时才想到采购人员。然而资本货物采购的商业意义与生产资料或生产原材料的商业意义同样重要。

必备的理论知识

7.1.1　资本性资产的含义

资本性资产是长期为组织提供效用或效益的固定资产，也称资本设备或资本货物。资本设备的采购通常占所有采购费用中的最大比例。资本性资产的工作寿命要大于一年。

一般来说，有六种不同的资本设备：

1）建筑物：永久性建筑，用于安置从事工业、社团或商业活动的设备和人员。

2）安装设备：直接用于生产产品和服务的重要装置、机械或其他主要设备。

3）附属设备：帮助生产产品和服务或加强组织运作的主要耐用设备。

4）运行设备：半耐用的小型设备，它是可移动的，用于生产产品和服务但一般是不重要的设备，如特制的工作鞋、风镜。

5）工具和仪器：半耐用或耐用的可携式设备和仪器，用于生产、测量或计算产品或服务，如文字处理器、各种工具、手术器械、现金出纳机。

6）家具和饰物：按照组织的意图装饰建筑物的各种物品和材料。它们不是专门用于生产的设备，如地毯、楼层面料、装饰用织物、家具、棚架材料、柜台、椅子。

7.1.2 知识储备

1. 资本性资产采购特点

1）在决定采购资本性资产时需要操作人员、生产人员和财务人员的参与。根据资本采购的类型，在决定采购哪种类型的设备、检查可以提供这些设备的其它供货来源、确定涉及的性能规格和预算因素时，每个人都可能会发挥自己的重要作用。

2）因为资本性资产都有一定的使用寿命，所以有必要考虑供应商的生产支持、备件是否得到、售后服务、财务能力以及管理稳定性等。投入运作后的使用成本时很重要的，并受其可靠性和停机时间的可能性的影响。

3）采购者都保留一些未付款。例如：当生产设备在生产运行后并达到所规定的标准后，采购者才把采购金额中最后的10%付清。采购人员可以直接就这些合同条款进行谈判。在比较复杂的情况下（如涉及商业、金融和技术的交易平衡等）就要成立小组，由各类专家组成。

2. 采购资本设备和非资本设备的区别

区别资本设备与非资本设备采购的因素如下：

① 总成本：资本资产的基本采购价值只是总购置成本的一个部分，还有其他相关成本，这些成本可能在资产的寿期内随时上升，如运行成本。

② 成本价：采购的货币价值可能很高，要求有特殊的估价和控制技术。

③ 缺少采购经验：资本设备的采购趋向于是非连续的，因此缺少这方面的经验。

④ 无形利润：从采购取得的利润经常是无形的，难以估计。

⑤ 由于所采购物品的技术复杂性，资本设备的规格通常更难设计。

⑥ 采购资本资产也意味着采购服务。

⑦ 资本设备可买二手货。

3. 全寿命成本

资本设备很可能使用相当长的时间，在规格、价格、采购、安装、运行和处置等主要寿命阶段都会发生费用，如图 7.1 所示。

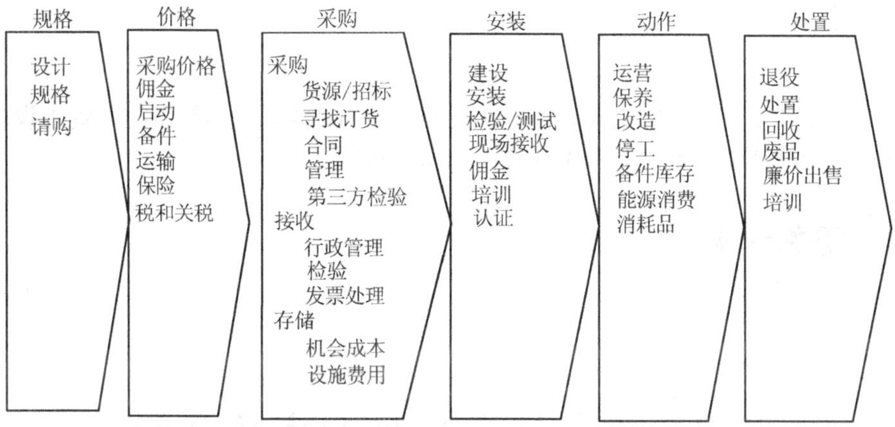

图 7.1　资本设备全寿命成本的构成

7.1.3　资本性资产的采购过程

资本性资产的采购过程如图 7.2 所示。

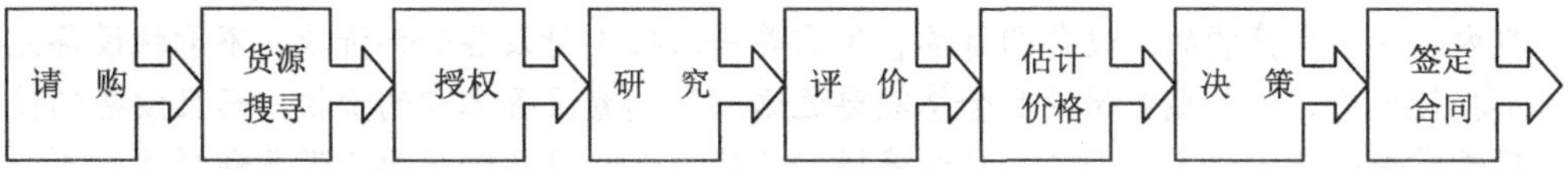

图 7.2　资本性资产的采购过程

7.1.4　资本性资产采购过程的说明

因为资本性资产具有特殊的特点，资本性资产采购通常有特殊的程序。在中小型企业，资本支出是由董事会决定的；更大的企业中，在一定金额限度内，将决定资本支出的权力授予当地的董事、部门或区域经理、利益中心经理或者总董事会下的其他人。但是在这个限额之上，需要大量资金或者在很长时间内影响工作能力和方法的项目，还要提交给董事会决定，即使是在很大的企业中也是如此。

大多数资本性资产的购买决策会受到来自于财政、运输、维修、储存、技术、采购、操作员等因素的影响。

这些程序引起资本支出的批复久拖不决，这样就导致了在将要得到批复时会迫不及待地开始工作。申请人可能在等待了好几个月后才得到同意，一旦他得到允许后就会马上和已经选择好的供应商联系，在合同细节还没有定下来的时候就匆忙签订订单进行购货。通常在进行设备安装的热情中忽视了商业方面的考虑。

小　结

本节介绍资本性资产的定义、资本性资产采购的特点、资本设备与非资本设备采购的区别、全寿命成本的概念和资本性资产的采购过程。

相关作业

画图说明资本性资产的采购过程。

7.2　资本性资产采购决策分析

案例导入

我国著名的家电企业格兰仕就是通过租用美国的微波炉变压器生产线设备在短期内迅速扩大产能的。设备租赁尽管不需要一次性支付设备全部价款、不承担设备无形损耗风险，但长期支付的租金总额要远远超过购置设备本身的价款，而且设备的使用常常受制于出租人。因此，从经济性的角度来看，设备购买要比设备租赁更划算。也正因为如此，设备租赁始终从属于设备购买，对设备购买起着有益的补充作用。

必备的理论知识

7.2.1　资本性资产采购决策分析的种类

资本设备的采购，对企业来说是一项重要的支出，由于价值过高、回收期较长，需要企业审慎选择，因此决策过程要复杂很多，常常进行专门的技术分析以考察投资是否合理。

在实际工作中用于投资决策技术分析的方法很多，比较常用的投资分析方法是静态分析方法和动态分析方法。两者的区别在于是否考虑“货币时间价值”。

7.2.2　知识储备

1. 静态分析方法

静态分析方法通常又被称为非折现的现金流量法，这类方法的主要特点是不考虑货币的时间价值，因而不需要采用复利计算方式对有关投资方案的现金流进行折现计算。

静态分析方法的优点是：计算简单；容易理解，能够产生明显有用的答案；方便快捷，既可以选出那些投资回报率很高的投资项目，又可以迅速排除没有赢利的“瘦狗”。

静态分析方法的缺点是：没有考虑现金流入流出的时间性；没有考虑资本成本；没有考虑投资的节税效应。

通常使用的静态分析方法有两种：投资回收期法和年平均报酬率法。

（1）投资回收期法

投资回收期是指收回全部投资额所需要的时间。投资回收期法就是以投资回收期的长短作为投资决策分析的标准，并依此来选择最佳投资方案的一种决策分析方法。投资回收期的计算，因各年现金净流量是否相等而有两种不同的方法。

当投资每年的现金净流量相等时，其计算公式为

$$投资回收期=\frac{投资总额}{每年的现金净流量}$$

当投资产生的年现金净流量不相等时，或者现金流入并非从投资方案有效期的第一年开始，就需要在逐年累计其现金流入额的基础上作相应的变通计算。

【例 7.1】 某公司计划将资金 200 000 元投资于某一高科技项目，现拟有 A、B、C 三个方案，每年各方案的现金流入量如表 7.1 所示。

表 7.1 某公司每年各方案的现金流入量 单位：元

年 份	现金流入量		
	A 方案	B 方案	C 方案
0			
1	80 000	120 000	60 000
2	80 000	100 000	80 000
3	80 000	80 000	100 000
4	80 000	40 000	60 000

试用投资回收期法为该公司确定一个最佳投资方案。

解：根据上述资料，A、B、C 三个投资回收期可计算如下：

$$A方案的投资回收期=\frac{200\,000}{80\,000}=2.5(年)$$

B 方案第一年的现金流入量为 120 000 元，第二年只要回收 80 000 元，即可收回全部投资额。所以

$$B方案的投资回收期=1+\frac{80\,000}{100\,000}=1.8(年)$$

$$C方案的投资回收期 = 2 + \frac{60\,000}{100\,000} = 2.6(年)$$

通过比较，我们可以看出，如果以投资回收期的长短作为投资方案的判别标准，不考虑时间价值，则回收期最短的 B 方案是该公司的最佳投资方案。

投资回收期法的主要优点是简单、明了，易于理解和掌握。它在项目生命周期的早期阶段就关注现金流量，而且，投资回收期越短，则该投资在未来时期所冒的风险也就越小。由于投资回收期的长短可以看作是投资在未来所冒风险程度的标志，所以，这种方法在实际工作中被许多人在评价风险投资时所采用。但它也有明显的不足之处：一是没有考虑货币的时间价值；二是没有考虑回收期满后的现金净流量（即大于原投资额的部分），可能导致拒绝那些在稍后的时间里可以创造高收入的赢利项目；三是它不能提供可以对照公司现有投资回报率和资本成本进行衡量的结果。由于以上原因的存在，使得它不能确定整个投资项目究竟能获得多大的经济效益，如果只使用这一种方法来评价不同方案的经济效益，难以确切地说明问题。

（2）年平均报酬率法

年平均报酬率是指一项投资在其寿命期内每年的平均净收益与平均投资额之间的比率。年平均报酬率法就是以年平均报酬率作为评价投资方案的标准，据此进行投资决策的方法。年平均报酬率的计算公式为

$$年平均报酬率 = \frac{年平均净收益}{年平均投资额} \times 100\%$$

其中，年平均净收益等于投资有效期内各年净收益的总额与其期间长度的比值；年平均投资额为投资有效期内各年平均投资余额之和与有效期间长度的比值。

【例 7.2】 某公司计划从事某项投资活动，现拟有三个投资方案，有关资料如表 7.2 所示。

表 7.2 某公司的投资方案资料 单位：万元

期间	A 方案		B 方案		C 方案	
	投资额	净收益	投资额	净收益	投资额	净收益
1	60	3.5	55	9.5	20	13.5
2	50	6.0	40	10	30	11
3	40	8.5	37.5	9.5	50	8.5
4	30	11			80	6.5
5	20	13.5			20	3

试计算 A、B、C 三个投资方案的年平均报酬率，并据此判别三个方案的优劣。

解：根据表中的有关数据，A、B、 C 三个方案的投资报酬率可计算如下:

对于 A 方案：

$$年平均净收益=\frac{(3.5+6+8.5+11+13.5)}{5}=8.5(万元)$$

$$年平均投资额=\left[\frac{(60+50)}{2}+\frac{(50+40)}{2}+\frac{(40+30)}{2}+\frac{(30+20)}{2}+\frac{(20+0)}{2}\right]/5=34(万元)$$

$$年平均报酬率=\frac{8.5}{34}\times 100\%=25\%$$

同理，我们可以求得 B 方案和 C 方案的年平均报酬率为 27.1%和 25%。

从上述计算结果可以得知，B 方案具有较高的年平均报酬率，A 方案与 C 方案的年平均报酬率相同。如果只从年平均报酬率来衡量，B 方案是该公司进行此项投资活动的最佳方案。

年平均报酬率法，同样没有考虑货币时间价值，把不同年份的净收益同等看待。因此该指标也不能正确地反映各投资方案的经济效益，例如 A 方案和 C 方案，虽然他们各个年份的净收益之和以及投资数额之和相同。但是，A 方案的净收益是逐年递增的，第 1 年的净收益只占第 5 年净收益的约 1/3。而 C 方案的净收益是逐年递减的，第 1 年的净收益约为第 5 年的 3 倍，此外它们各年的投资额也不相同，如果考虑到时间价值，显然 C 方案比 A 方案的效果要好，这种差别，在年平均报酬率法中是反映不出来的。

静态分析方法，计算简单，主要应用于投资方案的初选。利用静态分析方法计算出的效益不好的方案，应当立刻予以淘汰，效益较好的，则需要运用动态分析方法作进一步的判断和选择，也就是说，在具体的投资决策分析中，静态分析方法要和考虑货币时间价值的动态分析方法结合起来一起使用，静态分析方法是作为辅助方法使用的。

2. 动态分析方法

动态分析方法又称折现的现金流量法，其主要特点是考虑了货币时间价值对投资过程的影响。它按照复利计息方法，将未来各期的现金流出量和现金流入量按预期报酬率统一折算成投资开始时（即 0 年）的现值量，以此为基础，分析、评价各投资方案的经济效益，从而做出采纳与否的投资决策。

使用较多的动态分析方法有：净现值法、现值指数法、内含报酬率法等年值法和动态回收期法。

知识链接

租　　赁

在进行资本性设备投资决策时，管理者经常面临租赁和购买的选择。两种主要的租赁类型是融资租赁和经营性租赁。融资租赁包括负担全部支出和负担部分支出型。在负担全部支出型中，承租人依据定期支付计划来支付购买设备的全部价格并加上利息，如果可行的话，还要加上维护、服务、记录保存、保证金等。在负担部分支出的支付计划中，在租赁期结束时，设备有一个残值，承租人要支付设备的原始值和残值之间的差额，并加上利息和费用。融资租赁的费用由出租人收取的报酬、利息率、设备折旧率组成。出租人收取的报酬依据提供的服务而定；利息率根据出租人筹资的费用和承租人的信誉而定；折旧率则通常随所租设备的种类和使用情况不同而变化。

经营性租赁是一种不容忽视的基本形式。其租赁期固定且短于设备寿命期，租赁合同在租赁期内决不可取消，租赁费用固定且小于购买设备的费用。服务是经营性租赁的关键因素，出租人负责全部的维护、废弃、保险、税金、采购和再出售设备等责任，承租人必须对这些服务的收费和其他可供选择的服务进行评估。

融资性租赁不被看作是真正的租赁，而是从租赁者的角度把它看作设备的销售，从承租者的角度把它看作购买；而经营性租赁从租赁者和承租者双方的角度看都是真正的租赁。

融资性租赁可以被进一步细化为三种类型的租赁：销售型租赁、直接融资租赁和杠杆融资租赁，在最后一种方法中，承租者可以较好地利用组织外部的资金。

那么融资性租赁和经营性租赁之间的划分标准都有哪些呢？如果一项租赁在开始的时候能够符合下列标准中的一个或多个，那么此租赁将被划入融资性租赁。否则，它将被划入经营性租赁。

① 在租赁期结束的时候，资产的所有权将转移承租方。

② 租赁包含了议价采购或议价续租的选择。

③ 租赁期等于或大于被租赁财产的预计经济寿命的75%。

④ 最低租赁付款条款在租赁开始时的现值等于或超过被租赁财产在租赁之初的市场公平价值的90%。

当租赁期开始于一项资产经济寿命的剩余25%的时间内时，第③条和第④条标准可以忽略。但是如果租赁不符合前面提到的任何一项标准，那么它就被认为是真正的租赁，称为经营性租赁。

租赁同采购相比有着其自身的特点，从而有它自身的优势与劣势。

租赁的优点如下：

① 租赁费用在计算所得税时被视为费用，可以为企业带来税收上的减免。

② 首期费用较小，企业拥有有限的资金就可以使用昂贵的设备。

③ 能够享受专业技术人员的服务。

④ 避免了资本设备过时的风险。

⑤ 适应特殊的工作和季节性工作。

⑥ 投资压力转嫁给了承租方。

租赁的缺点为：

① 最终的总支出可能会较高，远远大于自己购买时的花费。

② 出租人必须进行监督，浪费时间和精力。

③ 控制和使用的自由度较小。

租赁合同的制订需要得到密切关注，因为它很有可能只代表出租方的利益，条款的设定可能会把所有的致命风险都转嫁给承租方。例如，当设备报废时，更换设备是怎样安排的，有哪些具体的条款?承租人能自主购买补给品吗（如打印机所需要的墨盒）？实际支出的费用和条款列出的相同吗?

知识链接

JIT 供 应

1. JIT 的产生和发展

准时制生产方式（JIT）是日本在二十世纪五六十年代研制和开始实施的生产管理方式。JIT 首先出现于日本，与其国情有十分密切的关系：日本国土面积小、人口密度大、自然资源贫乏，因此在生产管理中，特别注意有效地利用各种资源，杜绝各种可能的浪费；他们认为库存是一种浪费，废品则是更大的浪费。

JIT 的创立者认为，生产工艺的改进对于降低生产成本固然重要，但当各企业在生产工艺上并不存在很大差异时，只有通过合理配置和使用设备、人员、材料等资源，才能较好地降低成本。只要可能，生产与物料控制自动化就会融为一体。设计重点在于使生产过程变为平滑流动的机器布局；加强团队合作与工作柔性，简化返工步骤，设计车间通道;进行物料与工具处理时使用 U 形生产线。

JIT 的概念是 1953 年首先由日本丰田汽车工业公司提出，1961 年在全公司推广。通过实施 JIT 系统，丰田公司生产经营有很大改进，到 1976 年，该公司的年流动资金周转率高达 63 次，为日本平均水平的 8.85 倍，为美国的 10 倍多。70 年代初，日本国内开始大力推广丰田公司的经验，其经验广泛应用于汽车、机械制造、电子、计算机、收音机制造等多种工业中。JIT 是日本在重复性生产过程中的管理思想。通过 JIT 思想的应用，日本企业管理者将精力集中于生产过程本身，通过生产过程整体优化，改进技术，理顺物流，杜绝超量生产，消除无效劳动与浪费，有效利用资源，降低成本，改善质量，达到用最少的投入实现最大产出的目的。

2. JIT 的核心理念

JIT 的三个核心理念为消除浪费、全面质量管理以及人员参与。

图 7.3 表明了 JIT 方式的基本核心理念。

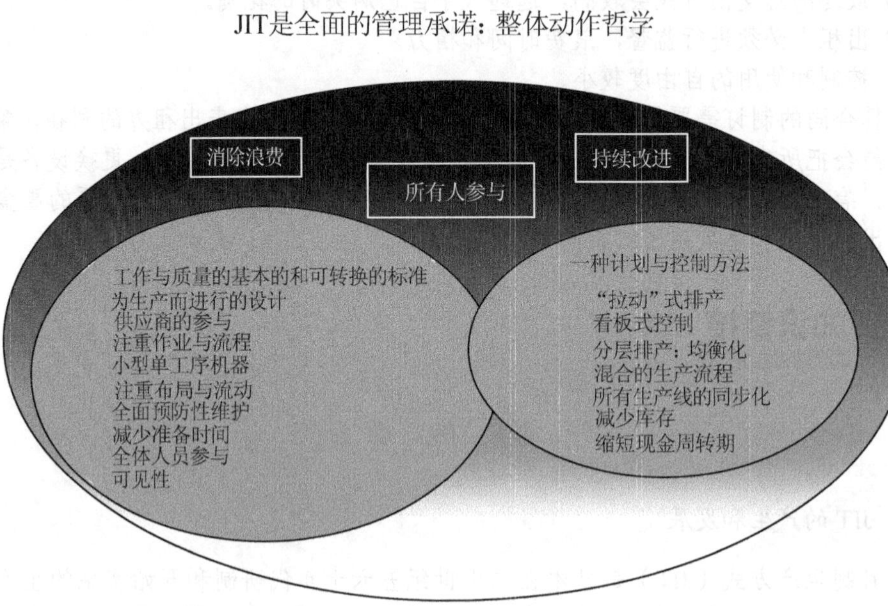

图 7.3 JIT 方式的核心理念

3. JIT 系统简介

JIT 生产方式的组成如图 7.4 所示。下面我们就 JIT 组成的三个方面分述如下。

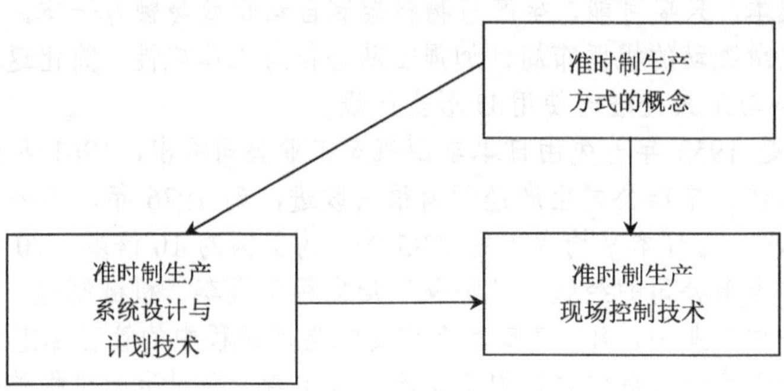

图 7.4 JIT 生产系统

（1）JIT 生产现场控制技术

JIT 的基本原则是在正确的时间，生产正确数量的、所需的零件或产品，即准时生产。它的基本原则与 MRP 比较类似。但是，MRP 是按主生产计划的要求，在需要的时间、地点生产需用的零部件，是受主生产计划“推动”的生产方式。而 JIT 的零部件仅当后续工序提出要求时才生产，是一种“拉动”的生产方式，后道工序需要多少，前道工序就生产或供应多少。它将传统生产过程中前道工序向后道工序送货，改为后道工序根据“看板”向前道工序取货。前道工序按“看板”要求，只生产后道工序取走相应的数量的工件作为补充，现场操作人员根据“看板”进行生产作业。看板系统是JIT生产现场控制技术的核心。准时制生产就是利用看板技术控制生产和物流，以达到准时生产的目的。因此，有人认为JIT就是看板管理，但是这种认识是不全面的。

1）看板的概念。准时制需要一组织流程中拉动物料流动的方法，其中最简单的方法是用容器在两个工序之间搬动物料。当第二道工序需要物料时，它将传送空容器至前一道工序，作为填充信号（见图7.5）。

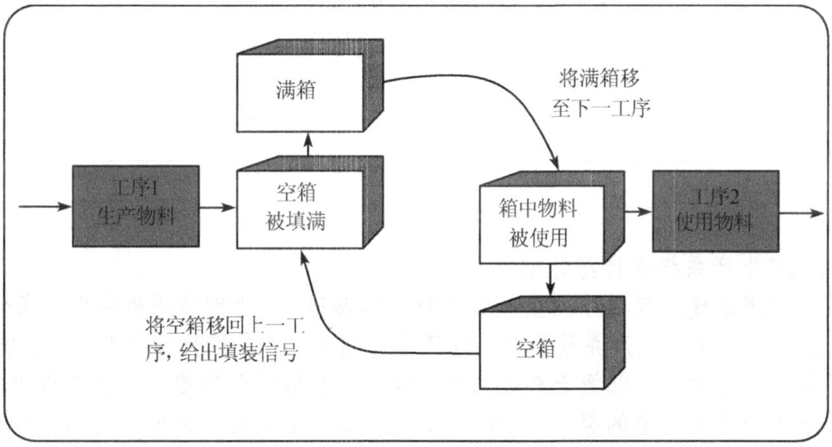

图7.5 准时制的最简单信息传递方式

这种方法在运作中不稳定，因此通常的办法是应用看板，日本称卡片或其他形式的可见记录为“看板”，包含以下内容：

① 看板是在准时制运作中控制物料流动的卡片。

② 它们安排“拉动”操作流程中的物料。

2）看板的种类。应用看板有几种方法，最常见的系统是使用两种不同类型的卡片：生产看板和运送看板，如图7.6所示。

① 所有的物料都在标准的容器中储存和运输。

② 容器只有贴上运送看板后才能移动。

③ 当工序需要物料时，即当它的物料存货降到再订购水平时，就要把运送看板贴到一个空容器上，这等于给出了将容器移至小批在产品存货的指令。

④ 在仓库中，贴有生产看板的容器要装满。

⑤ 把取下的生产看板放在一个工具架上，这就等于向前一个工作站发出信号，要替换容器中的物料。

⑥ 满容器贴上运送看板，可将其运回使用。

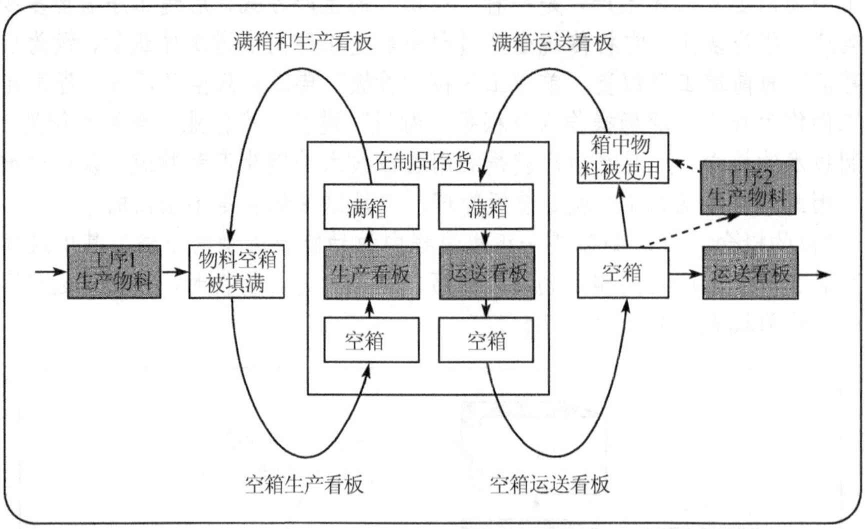

图 7.6　双卡片看板系统

（2）JIT 生产系统设计与计划技术

看板的应用是建立在一系列生产管理技术的基础上。为创造看板应用的条件，在 JIT 系统中，要进行广义的生产系统设计，包括市场销售、产品设计、加工工艺、质量工程、工厂布局和生产管理等，以便于看板系统的实施。看板管理需要工人和管理者在帮助组织提高质量方面做出大量的努力。JIT 的工人必须具备柔性。他们经过多工种的培训，需要在生产过程中四处走动，从各方面寻求改善运作的方法。

（3）JIT 的生产思想

这是 JIT 最基本的方面。只有在此思想基础上，才能设计及规划 JIT 生产系统，才能实施 JIT 系统。这个最基本的方面，往往也是很少为人们所理解的方面，从某种观点来说，它又是最重要的方面。JIT 的思想是提供 JIT 基础、实施 JIT 系统的基本生产战略。我们已经不止一次的提出，JIT 的思想就是在需要的时间使零部件和原材料到达需要他们的工作中心。准时制的这种特性可以大大降低在制品的库存。无论是在事业组织还是在企业，无论是在制造业还是非制造业，运作实践中很多地方都可以体现 JIT 的这种特性。

（4）JIT 生产方式的目标

JIT 生产方式的目标是彻底消除无效劳动和浪费。丰田公司指出“制造工厂的利润蕴含于制造方法之中”，这就是说，要通过彻底消除制造过程中的无效劳动和浪费，努力降低成本、提高质量，来取得高额利润。丰田公司将无效劳动和浪费分为下列几种：

① 制造过剩的零部件的无效劳动和浪费。

② 空闲待工的浪费。

③ 无效的搬运劳动。

④ 库存积压的无效劳动和浪费。

⑤ 加工本身的无效劳动。

⑥ 动作方面的无效劳动。

⑦ 生产不合格产品的无效劳动和浪费。

为消除上述无效劳动和浪费，就要不断追求最优的生产系统设计和最佳的操作状态。用专业化的术语来说，JIT 就是要寻求达到以下目标:

① 废品量最低（零废品）。

② 准备时间最短（零准备时间）。

③ 库存量最低（零库存）。

④ 搬运量最低。

⑤ 机器损坏率低。

⑥ 生产提前期最短。

⑦ 批量最小。

在传统的生产系统中，很难同时达到上述目标。对于这些目标，传统生产系统与 JIT 系统存在较大的差距:

1）零废品。传统生产管理很少提出零废品的目标。一般企业只提出可允许的不合格品百分数和可接受的质量水平。它们的基本假设是：不合格品达到一定数量是不可避免的。由于传统生产管理很少提出零废品的概念，使得隐含成本大大提高。而 JIT 的目标是消除各种引起不合格品的原因，在加工过程中每一工序都要求达到最高水平，尽量减少废品的产生。

2）零库存。在传统生产系统中，在制品库存和成品库存被视为资产，它们代表系统中已累积的增值。在期末时，期末库存与期初库存之差，代表这一周期增值的部分，用以指示该部门效益的提高。当由不确定的供应者供应原材料和外购件时，原材料和外购件的库存可视为缓冲器，它能作为供应者不按期供货或顾客订购量增加时的缓冲。因此，在这种情况下，在制品与成品库存难以得到有效的控制。工厂高级管理人员也许并不赞成库存量太大，但是当要他们在低库存、低设备利用率，高缺货风险和高库存、高设备利用率，低缺货风险之间做出选择时，他们往往趋向于选择后者。

3）准备时间最短（零准备时间）。零准备时间长短与批量选择相联系，如果准备时间接近于零，这就意味着批量生产的优越性不复存在。如前面的章节所述，确定经济订购量（经济批量）的目标是使库存总费用最小，而库存总费用是由仓库保管费与准备（订货）费所决定，大批量意味着库存量高，仓库保管费高；而小的批量则库存量低，仓库保管费也低。但批量小准备次数必然增多，在大多数情况下，准备费用也随之增加。如果准备时间趋于零，准备成本也趋于零，就有可能采用极小批量。理论上此时甚至可以选择批量为 1，因为它是最经济的。

4. JIT 供应

（1）JIT Ⅱ

美国一家公司的采购主管兰斯·笛克在 1985 年提出，如果把供应商请进公司，就可以同时代替采购人员和销售人员；如果他被充分授权，就可以利用采购定单设计同步工程。现场供应商还可以根据本公司产品，利用所有设施、人员和数据，来添加某项或全部设计。这种思想逐步得到推广，到了1987年，本田、IBM等公司就开始实施类似的系统，这种系统被称为JITⅡ。JITⅡ主要用来进一步缩短物流时间和物流成本，实现采购方与供应方的无缝连接。

（2）供应管理的JIT本质

供应管理蕴涵多项JIT内容，供应商提供高质量与一致性产品，以及可靠交付是供应管理的重点内容。采购方有必要选用较近距离的供应商供货。经常性的小批量交付则需要对本地运输模式进行严密的再考虑。例如，卡车司机每天遵循标准路线，路过6～20个供应商，小批量的送货到专门设计的侧装车辆上。将交付直接安排到所需地点可以消除两次物料处理过程。专门的移动货架设计则提供适当保护，便于点数和插入。其可移动性还有助于改善物料处理。一个有效设计、运作的JIT系统需要大量的供应商培训与合作。

JIT实现了恰巧在需求到来之前安排交付。JIT的应用范围很广，不仅适用于制造业，还可用于社会团体、服务业以及其他非制造性企业。可靠交付减少了对缓冲库存或安全库存的需求，而这种库存的减少还带来了其他许多好处。

JIT作为一个理念已经深入企业管理实际运作中，一个成熟的基于JIT的运作系统应该满足11个条件：生产准备时间缩短；小批量生产；小批量运输；自动化的多过程处理；无缺陷质量管理；设备维护；生产水准测量；后续工序的拉动；设备的内部维修与生产；JIT供应安排；员工参与不断改进过程。

在JIT系统中，供应商与采购方密切合作解决问题，供应商与客户具备稳定的长期关系。与JIT理念一致。为了保证按时交付小批量零部件、保持低水平的安全库存以及低采购成本。为数不多的供应商往往与其顾客距离很接近。JIT环境下，采购方是服务者、协调者、沟通者、开发者，他是多种角色的综合扮演者而不仅仅是一名订单发布者。

小　结

本节介绍了资本性资产采购决策分析的种类、静态分析方法中的投资回收期法和年平均报酬率法。

相关作业

举例说明投资回收期法的应用。

本章小结

资本性资产的采购与其他货物及服务的采购有许多不同，它是企业的一项重要的支出，所采购的资产购入后可以使用多年，给企业带来长远利益。它是一项投资，而不仅仅是一次采购。对资本性资产采购的企业应给予更多的关注。

本章对资本性资产的概念、资本性资产采购的特点、资本性资产投资分析等做了较为详细的介绍。

案例分析

GE实施电子化采购

1．基本情况

GE（通用电气公司）家用电器集团是全球最大的家电生产商之一，主要生产的产品包括：电冰箱、冰柜、电灶具、煤气灶具、微波炉、洗衣机、烘干机、洗碗机、家庭垃圾处理设备、空调机和净水系统等。

GE家用电器集团于20世纪80年代开始在中国采购，迄今为止，GE家用电器集团在中国的采购活动涉及原材料、零部件及成品，成品包括空调、冰箱、微波炉、冷柜和洗衣机等产品。中国家电领域的王牌军，如海尔、长虹、新飞、澳柯玛，都曾是GE的供应商。2001年8月中旬，GE家用电器集团宣布它已把中国作为重要采购基地，2001年GE在中国的成品采购量已达到它的全球成品采购总额的1/3，并将计划在今后的1～2年内将这个采购额翻一番，由此可以看出GE立志要把中国变成其重要的采购基地。

2．采用电子化采购的背景

（1）传统采购模式缺乏主动性

传统采购模式的采购目的很简单，就是为了补充库存，即为库存而采购。采购部门并不关心企业的生产过程，不了解生产的进度和产品需求的变化，因此采购过程缺乏主动性，采购部门制定的采购计划很难适应制造需求的变化。

（2）传统采购模式太注重价格，忽略质量及交货期

传统采购重视供应商的价格，而把质量、交货期往往放在事后把关，双方来回谈判等于浪费金钱。传统采购的重点放在如何和供应商进行商业交易的活动上。重视交易过程供应商的价格比较，质量、交货期都是通过事后把关的办法进行控制。因此，供应商

与采购部门经常要进行报价、询价、还价等来回谈判，且多头进行，最后从多个供应商中选择一个价格最低的供应商签订合同。

（3）传统采购过程无法进行有效的信息沟通

传统采购过程，首先是典型的非信息对称的博弈过程。选择供应商在传统的采购活动中是一个首要的任务。在采购过程中采购一方为了能够从多个竞争性的供应商中选择一个最佳的供应商，往往会保留私有信息，因为如果给供应商提供的信息越多，供应商的竞争筹码就越大，这样对采购方不利。因此，采购一方尽量保留私有信息，而供应商也在和其他的供应商竞争中隐瞒自己的信息。这样，采购、供应双方都不进行有效的信息沟通，导致因信息沟通的因素而出现了一系列的采购问题。

（4）传统采购验收检查、质量控制难度大

验收检查是采购部门的事后把关工作，质量控制难度大。在传统的采购模式中，要有效控制质量和交货期只能通过事后把关的办法，因为采购一方很难参与供应商的生产组织过程和有关质量控制活动，相互的工作是不透明的。因此需要通过各种有关标准如国际标准、国家标准等，进行检查验收。缺乏合作的质量控制会导致采购部门对采购物品质量控制的难度增加。

（5）传统采购模式供需双方缺乏长期合作的氛围

供需双方关系是临时的合作关系，且竞争多于合作。由于缺乏合作与协调，采购过程中各种抱怨和扯皮的事情比较多。很多时间消耗在解决日常问题上，没有更多的时间用来做长期性预测与计划工作，供应与需求之间这种缺乏合作的气氛增加了许多运作中的不确定性。

（6）传统采购往往导致采购方满足用户的能力下降

由于供应与采购双方在信息的沟通方面缺乏及时的信息反馈，在市场需求发生变化的情况下，采购方也不能改变供应方已有的订货合同，因此采购方在需求减少时库存增加，需求增加时，出现供不应求。

总之，由于传统的采购模式存在许许多多的不尽如人意的地方，促使通用电气公司决定采用电子化采购。

3．电子化采购的程序

电子化采购一般分为以下几个步骤：

（1）搜寻供应商

GE 在搜寻供应商时不局限于一些传统的方法，如通过代理商、政府的贸易促进机构、电话黄页等。公司采购人员已在许多商业网站上无拘无束地寻找理想的供应商。例如，在阿里巴巴网站，通过关键词搜索，往往有几十家甚至数百家供应商被搜索出来。整个搜索过程通常只需要几个小时，并且只需要一名普通的文员。

而且，GE 内部网中的 Quickplace 网站则将采购人员的基础信息联系在一起。从

Quickplace 上我们能找到区域范围内符合 GE 评估的供应商，每个采购项目的进程，新的采购需求，相关的文件条文。换句话说，Quickplace 就像一部供给 GE 采购人员使用的电子手册，必要时 GE 可以不断地查阅并将在外界获得的有益信息及时地补充到网上，供同事们分享。

（2）联系供应商

经过搜寻，一旦 GE 发现了合适的供应商，或者发现某个供应商的潜力符合需要，GE 的采购人员就会通过电话及电子邮件等方式迅速与供应商取得联系，告诉备选供应商 GE 公司采购项目的内容，如果供应商对其感兴趣，GE 就将所需产品的图片和生产规范一并通过电子邮件传输给供应商。供应商也将自己的业务能力通过书面形式让 GE 了解。通过这一步骤的双边了解，合适的供应商就有机会参加 GE 的网上竞标。具体操作如下：

首先，供应商需要通过互联网进入 GE 全球采购网（http://www.gegsn.com）。届时，GE 的采购人员会将关于网上竞标的指导性文件通过电子邮件或传真发送给供应商。

网上竞标对于供应商的进取心、计算机能力和英语能力也是一个有效的评估。由于绝大多数的供应商是第一次接触商务操作中的网上竞标，一些缺乏求新欲的供应商或因缺乏信心，或因缺乏必要的软硬件设施而逐渐被淘汰掉。但有能力的供应商则丝毫不必担心，必要的步骤部呈现在网页上，只要你能读懂英语的竞标指导性文件和操作说明，熟悉互联网网站的操作环境，GE 网上的登录就如同在易趣网上拍卖登录一样简单有趣。当供应商完成登录后，就得到了一个用户身份和一个用户密码。同时，供应商将下载并签署一份竞标规则，并按以上地址传真给 GE 在美国的采购人员。美方采购人员将给供应商发个电子邮件，在此邮件中，有竞标的时间区间，供应商的竞标及另外一个密码。供应商利用用户身份及密码，可在 GE 全球采购网上了解到标书的详细内容。

（3）网上竞标

网上竞标是一场优胜劣汰的竞争。网上竞标是在规定的时间，供应商们纷纷在 GE 的全球采购网上登录，将自己的第一次的竞标价键入，等待着自己所投出价格的反馈情况。

大约在 5 分钟后，供应商便能了解到当前的最低价，也看到了差距。这种差距使得近一半的供应商在第一轮就自动败下阵来。其余的供应商则在其力所能及的范围内调整自己的竞标价，再一次投标。即使是报出最低价的供应商，如果想到十几家甚至几十家供应商正在以其为目标而调整价格，领先的优越感也会荡然无存，唯有未雨绸缪才是上策。

由于时差的缘故，竞标往往在北京时间凌晨 3 ~ 4 点时结束，中国的供应商和在中国的 GE 采购人员也就不得不监视着竞标的进程。此时，供应商的能力在此一览无余，任何赢取暴利的念头都是不切合实际的，特别是在竞标的最后阶段，竞争往往进入白热化阶段，最后的几个幸存者做着最后的努力，每几分钟都有竞标价键入。由于 GE 全球采购网有自动顺延竞标的功能，竞标往往会延长几个小时。竞争是残酷的，但落选的供应商们实实在在地看到了自身与领先者的差距。同时，通过这一手段，使GE的成本压缩得到保证。要知道，传统的商业技巧、谈判技能会被这种全新的手段击得粉碎。

（4）最终确定供应商

最后一步，就是GE的采购人员通过网络竞标，筛选出具有价格优势的几家供应商进行供应评估。只有其中的一家或几家供应商通过了GE的体系评估和样品测试，他们才可能得到GE的订货，同时作为合格供应商，其名称和联系方法将出现在GE的Quickplace上，让GE的采购人员分享信息。

4．采用电子化采购的具体实施

GE的电子化采购的具体实施表现在以下几个方面：

（1）在中国成立通用电气中国采购和出口有限公司

经过对中国市场长期考察之后，GE宣布，在中国成立通用电气中国采购和出口有限公司，专为GE和GE在全球的附属公司从中国采购和出口产品，同时还为中国供应商提供质量、技术、程序改进和技术咨询服务。采购和出口公司的成立，为GE在中国采购业务的发展做好了铺垫。

（2）举办零部件展览会，寻求潜在供应商

通用电气中国采购和出口有限公司的第一个杰作，是于2000年11月相继在深圳和青岛举办了两次零部件展览会，寻找国内的原材料和零部件潜在供应商。

（3）设立网站

GE家用电器集团专门设立了网站，配合在青岛举办的家电零部件展览会，利用网络工具使筛选供应商程序以及向供应商提供信息渠道变得便捷，这其中包括产品的详细信息、图片，一个全新的电子版“供应商概况调查”和重新修订的“供应商预筛选鉴定”。

“供应商概况调查”用于收集供应商公司情况，然后按照GE家用电器集团的“关键质量”（标准）进行严格的筛选，该调查一旦生效，筛选合格的公司会收到电子版的通知和进入供应商网络的密码，并被邀请参加展示会。近200家颇具潜力的国内公司参加了展示会。

（4）召开招商采购大会

除了2000年的展览会外，GE工业系统集团也于2001年5月在上海召开采购招商大会，旨在通过GE采购网站和实物，来展示GE工业系统采购产品和技术要求，向中国工业系统产品供应商介绍工业系统全球采购、供应商选择标准、采购流程和合作方式等，从而为GE工业系统集团在美国、欧洲和亚洲的工厂及销售机构寻找有关的零部件、配件和成品供应商。其间，共有80多家铸件、电机、工程塑料、绝缘材料及其他产品厂商参加了大会。招商会之后，工业系统集团采购部门已与其中的许多厂商建立起联系，并开始从中筛选合格的供应商。

5．电子化采购实施后取得的效果

GE 在网络经济处于相对低谷状态的时候，在采购环节上大力推行电子商务，尤其可喜的是从 1999 年初电子商务开始进入 GE 的营运系统。到 2000 年底，电子商务的实施已为 GE 带来了不可估量的效益。截至 2000 年底，GE 通过网上竞价的方式所采购的原材料和服务为 64 亿美元，而 GE 只是自 2000 年下半年才开始用这种方式来进行采购的，网上成交的销售额在 1998 年为零，1999 年达到 10 亿美元，到 2000 年已达 70 亿美元。

GE 电子商务发展过程中最明显的变化是，电子商务早已不再仅仅是一种销售手段，而是已成为 GE 的采购、企业日常业务及内部运作流程的电子化发展重点，借助电子商务工具将使其在采购领域获得飞速发展。

思考与练习

1．设备采购的战略意义有哪些？
2．资本性资产采购与原材料采购有哪些区别？
3．描述 JIT 生产方式。

第8章 服务采购

学习目标

通过本章的学习，学生应该能够解释服务采购的定义，描述服务采购的特点；说明服务采购的分类；熟悉服务采购方式。

8.1 概 述

案例导入

据美国亚利桑纳州立大学CAPS研究中心2003年发表的一项研究报告，对年均营业收入为40.2亿美元，年均服务支出为4.34亿美元的大公司来说，企业营业总额的11%和采购总成本的30%都是用来采购服务的。其中，用于采购物流服务的支出约占企业采购总成本的5%左右。无论从哪个角度来看，服务支出都是一笔很大的开支。显然，这对企业的供应管理来说存在着巨大的挖潜增效机会。该项研究还表明这个挖潜增效的机会正在扩大：有58%参与调查的公司预期在今后的5年内服务支出要增加，平均增幅为22%。

从以上数据可以获知，服务采购作为采购的一部分，降低成本，规范管理是十分必要的。

必备的理论知识

8.1.1 服务采购的定义和地位

服务采购的主要组成部分是某种任务，而不是提供某种有形的商品或原材料。服务是某种价值行为的表现，与销售商品的情况不一样，不会形成客户对任何事物的所有权。

几乎任何种类的服务都是需要的。例如，会计、广告、仲裁、银行、餐饮、清洗、计算、顾问、装修、设计、进口、保险、物流、维修、医疗、研究、安全、培训、运输、法律咨询、地面维修等，都是服务采购的对象。

服务采购作为企业采购内容的一部分，必不可少；但是服务采购的特点和方式方法，因为服务与有形物品的特点不同而有所区分。

8.1.2 知识储备

1. 服务采购的特点

很多因素使得服务不同于有形商品，并且造成了与服务采购中的特殊困难。

（1）无法实施存储

在本质上，服务是不能存储的。这就意味着必须在需要的时候恰到好处提供服务。供应商不可能由于预计到需求会增加而事先把服务存储起来，用户也不可能存储服务以防供求不稳。当然，不是所有的服务都是时间紧急的。其他的服务尽管也是不能“存储”的，却是连续供应的（如保险服务、电力和其他公共设施服务），不会对用户造成显著的进度问题。然而，大多数服务可能需要认真计划和安排，以确保在正确的时间、正确的地点提供服务，如果做不到，会引起很严重的后果。

如果对于服务的需求不稳定或难以预知，与服务供应相关的挑战就有很多，通常要对备用资源进行大量的投资。军队就是这种情况的一个很好的例子。

（2）可检查性

有形的材料是可以通过多种方法衡量、称量、测试和检查的，以确保它们符合协商好的规格，但服务不是这样的，通常很难测试服务质量。在“符合”条款中可以这样说明质量，写下诸如“应该在某月某日前完成工作并且提出建议”这样的话。至少在多数情况下，更为合适的是使用“绩效”。例如，“在培训计划末期，参加者应该能够操纵一辆一吨的平衡叉车”，或者“按照该合同维护的汽车应该能够以 90 公里/小时的速度安全行驶，并且每升油能行驶 5 公里”。

服务采购最重要的特征是在购买前无法看到结果，所以预评估总是更关注服务提供者，而不是其产品。

（3）合同安排

在购买货物时，通常能够很容易的确定合同何时开始生效，何时结束，一般根据采购者的规格为提供的货物付款。在提供服务时，这种情况就不那么明显了。假设建筑师根据所需容量方面的规格，在客户的预算范围内，被委任设计一套办公室。建筑师提出了满足规格的方案，但是不符合客户的审美观。客户要求设计另外一种方案。那么，谁来为此付账？信息不足是对这个问题的正确解释，然而，这个问题也说明了在提供服务时容易出现的困难。

（4）供应

许多服务只有在服务提供商的雇员真正在场的时候才能获得。园艺或计算机安装服务要求相应的人员到现场服务。然而，如银行或保险服务就可以进行远程组织和供应。对服务本身或服务供应商的评价更多的是主观评价。所以，必须对供应商的服务范围和要求给出明确的描述。

服务采购难于把握和控制。因为同样的服务经常在不同的地方或者被多个业务单位使用，或者有多个“业主”在不同程度上使用同一种类型的服务。

（5）再销售

与货物不同，服务通常不能再销售。当然，这意味着服务提供上与服务使用者之间是直接关系，通常不会涉及中介。

（6）可变性

服务是人提供的，每个人都具有独特性。标准化、一致性和重复性是对货物提出的具有挑战性的要求，在提供服务方面，完全的一致性几乎是不可能的。有些内部客户认为它们所需要的服务非常特别，很难在市场上找到新的供应商。这时，供应管理部门就要利用自己所掌握的市场知识，为内部客户提供增值的服务，包括选择服务供应商和站在客户的立场上详细的说明服务的要求。

2. 服务水平协议

服务水平协议（service level agreements，SLA）是在客户和提供服务的供应商之间做出的，即服务提供商和客户之间的协议，量化了客户可接受的最低服务。

多数服务是从很多单独的部分建立起来的，详细来讲，一个完整的服务水平协议覆盖了以下这些内容：

① 供应时间和每种服务的时间。

② 服务交付点。

③ 指定的服务提供商。

④ 响应。

⑤ 文件。

⑥ 紧急事件安排。

⑦ 电话支持。

⑧ 争论过程。

⑨ 培训和员工发展。

服务水平协议也被用作行政实务部门、部门和分部之间的“代理合同”。就法律方面来讲，政府的权利是不能被分割的，因此在行政事务的各部门之间不能建立合同。在这个范畴内的服务水平协议没有法律效力，但它却是一种有用的方法：清晰地陈述了服务提供商和客户之间的关系、权利和义务。

3. 提供服务的方法

提供服务时的一个基本区别就是“供应商在场”的服务和“供应商不在场”的服务。对许多组织来说，提供日常服务时，如餐饮、清扫和安全，在客户关注的地方，服务的提供人员在场。这就增加了另外一些需要考虑和决定的问题，这些问题与诸如监督、访问、机密性访问以及“主-客”关系这些事情有关。一些服务如银行、保险或客户信贷分类，在提供方的业务地点进行，还有一些如运输，供应商只在提供服务的一段时间内在场。

有时，可以选择是否要求服务提供商在场。例如，一些公司在与旅行代理商安排事务时，同时与服务提供商达成协议，要求旅行代理商在客户的地方设立办公室。

服务可以在偶尔“一次性”购买的基础上提供，例如，开发和交付培训计划以满足具体的需要。在其他情况下，服务提供商和客户安排了一系列义务，从而客户承诺不再安排其他对外采购，并提供优先条件，这种情况下要放弃其他安排。维修服务合同通常是在这个基础上安排的。这种安排对于较大的组织在很多地点都需要服务时最为普遍。服务经常是在有规律、有计划、有安排的基础上提供的，在提供商和客户之间有某些形式的中、长期协议，如日常的清理服务通常是以这种方式提供的。在这种情况下，需要建立和保持某种形式的连续评估和改进。

4. 服务采购一体化供应管理

在大多数企业，服务采购还没有被纳入供应部门实施一体化管理。但伴随着市场竞争的压力，特别是经济形态已经明显的从产品经济转向服务经济，使得愈来愈多的企业开始重视服务的采购。虽然服务的采购不同于产品和物料的采购，但有研究表明，25%的服务支出是与货物采购混在一起的，25%的直接物料采购和20%的间接物料采购是与服务采购混在一起的。因此，一些行业领先的企业认识到对服务采购实施一体化供应管理非常重要。但是，就如同企业在物流整合时所遇到的情况一样，供应管理部门在一开始就介入服务采购既是服务采购成功的关键，也是一个必须克服的极具挑战性的障碍。这时就需要来自于企业内部或企业外部的一个关键力量的推动。

企业内部的推动力量可能是一项政策的，组织机构的，权利的，或者是管理关系的变化。企业外部的推动力量则包括销售或营业收入的压力，提高竞争力的要求，或其他不利的市场条件等。

比如，当钢铁工业在 2001 年进入滑坡阶段时，加拿大的 Dofasco 钢铁公司发现自己正面临一个难以控制的市场环境，公司的盈利性受到巨大威胁。这时，过去没有纳入公司策略采购计划统一考虑的服务采购被锁定为降低成本最有潜力的领域。“公司制定了一个明确的成本节约指标，并由一个跨职能部门的资深管理团队来决定哪些领域可以节约多少成本，”公司的采购和物流主管 Brian Wilson 说，“服务采购是一个主要的领域，但因为在大多数情况下服务支出并不直接与生产发生关系，所以服务采购成本还没有降下来”。应用策略采购方法，该公司 2001 年的服务支出降低了 35%以上。在 Dofasco 公司的例子中，企业文化、目标定位、评价指标和报酬体系（更不要说公司上下对市场和盈利情况的普遍认知了）就是保证关系协调和成功实施服务采购解决方案必须的条件。后来，Dofasco 公司继续把策略采购流程应用于服务采购，并使得公司的服务支出基本上维持在 2001 年的水平。

有时，关键的驱动力量是企业管理模式的变化。如企业要求供应管理部门负责所有的采购。这时，常常是供应管理部门获得了有一个强有力的，并且是“可以教育的”一把手的支持。他愿意了解供应管理对公司利润的潜在贡献，或者已经看到了潜在的利润增长空间或节约成本的保证。因此，供应和服务采购管理一体化也是一项“一把手”工程。

8.1.3 服务采购流程

服务采购过程如图 8.1 所示。

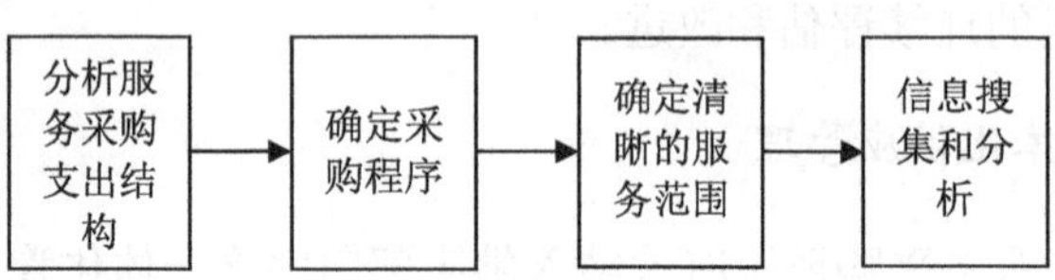

图 8.1　服务采购流程

8.1.4 工作步骤和说明

规范的采购流程指的是用于服务采购的系统性的采购和签约方法。如前所述，这个流程一般是从和使用者一起确定清晰的服务范围和服务要求开始的，然后是评价市场并了解行情，全面的征询采购解决方案（RFP），根据清晰的定义确定决策标准和评价潜在的供应商，最后是通过面对面的谈判或在线反向拍卖的方法达成一项服务协议。

许多采购经理都认为，根据规范的流程来管理服务采购，以及在这个过程中吸收企业内部有关职能部门的知识和技能是供应管理增值的最好方法。供应管理部门的核心竞争力就在于采购流程的组织实施。显然，系统化的流程增强了服务采购的规范性和可信度水平。

虽然服务采购流程的具体环节会随着企业的不同而变化，但下列步骤将有助于对服务采购更有效的控制。

1）对服务采购支出进行结构分析。分析的关键问题包括：

- 企业总支出的百分之多少是用于服务采购的？
- 企业采购了哪些服务？
- 每一类服务采购的支出比重是多少？
- 这些服务的类型在卡拉杰克（Kraljic ）2×2 矩阵中落在何处？（非紧急的、杠杆的、短缺的和策略的）

2）确定适宜的服务采购程序。一般来说，企业应该对非紧急的和杠杆采购实行自动化的或程序化的采购方法，为每一种策略采购确定一个首选服务供应商；建立一个团队来取消短缺采购。关键的问题有：

① 是否可以使用电子工具获得所需服务？在线招标是否可行？

② 是否需要跨职能部门的解决方案？如果需要，在企业内部采取什么样的方法才是有效的？

3）确定清晰的服务范围和服务要求。关键的问题包括：

① 企业是否拥有足够的内部资源来确定清晰的服务范围和要求？

② 如果企业内部资源不足，所需要的技能是否可以从企业外部获得？代价多大？

③ 有关的知识是否可以向企业内部转移？

4）利用精心设计的采购流程来进行信息搜集、分析并做出选择。

小　结

本节介绍了服务采购的定义、服务采购的特点、服务水平协议的定义、服务水平协议的内容以及服务采购的流程。

相关作业

画图说明服务采购的流程。

8.2 服务采购方式

案例导入

采购组合管理在一些大公司中已经使用了一段时间。具体的例子有：壳牌、阿尔卡特贝尔、飞利浦和西门子。1993年，西门子在世界范围内有420个采购部门，并且在日本、新加坡和美国建立了三个国际采购处。当时，公司有4100名职员从事采购。

西门子采用采购组合管理的目的在于达到普通部件和供应商的更好的协调。20∶80原则在这里表现得非常明显。一般产品占总采购额的19%。

西门子为每一类产品发展了自己的战略，其目的在于：降低采购成本；降低采购部门的工作量。西门子的采购政策以大大减少供应商的数量为目标，与保留的供应商建立一种集中于发展、质量和物流的紧密合作。

必备的理论知识

8.2.1 服务采购的分类

对服务采购进行恰当的分类是对其实施一体化供应管理和优化采购资源配置的基本要求。服务和产品一样，可以用不同的方法来分类，包括策略的和非策略的；与生产相关的和无关的；高、中、低风险的；高、中、低成本的；重复性的、非重复性的和一次性的，等等。服务分类的方法取决于企业的行业属性，并反过来决定服务分类管理的方法。

有效服务分类的关键是明确分类的原则。例如，如果管理层认为把服务分为策略的和非策略的比较合适，那么确定这些原则的定义就非常重要。比如，有个企业使用这种方法把策略采购确定为“任何超过1万美元的服务采购”。问题是有些超过1万美元的服务采购明显的属于例行公事，而且并不需要策略采购小组的技能和专业知识。而一些金额在1万美元以下的服务采购却显得更复杂，并需要策略采购小组的技能和专业知识支持。所以，对策略的更有用的定义可能是“关键任务”，这意味着某种服务是企业实现其目标所必需的。通过清晰的服务分类，然后是仔细的服务支出分类，供应管理人员就能够更好的配置资源（人力、技术、财力等）。

服务还可以根据典型的卡拉杰克（Kraljic，1983）2×2矩阵来分类。该矩阵将服务对企业的价值与在市场上获得该服务的风险进行比较。共分为四类：

1）高风险/低价值（短缺采购）。包括独特的服务要求，供应商的技术很重要，由于需求很少和/或供应很少造成的选择性差、难以替代以及使用波动很大并难以做常规的预测。

2）高风险/高价值（策略采购）。包括企业运营要求该服务持续的可得性，客户定制的或独特的服务要求，供应商的技术很重要，没有几个供应商具有足够的技术水平或服务能力，要改变供应渠道比较困难，现有供应商难以替代。

3）低风险/低价值（非紧急采购）。包括标准的服务要求或“日用品”型的服务，替代服务很容易获得，由许多服务供应商构成的竞争性市场。

4）低风险/高价值（杠杆采购）。包括因为用量大使得对单位服务成本的管理很重要，寻求替代是可能的，由不多的几个供应商构成的竞争性市场。如果采用这种分类方法，所有的服务采购都可以根据他们的特性分为四种类型——非紧急采购、杠杆采购、短缺采购和策略采购。据此，供应管理部门就可以应用适当的工具和技术来确定具体的采购方法并有效的管理某一类服务。

实际上要确定某种服务对企业的价值，将涉及到各种生产要素对企业价值贡献的经济评价。显然，这需要专业技能的支持。

8.2.2 服务采购的方式

1. 征求建议书

由采购人通过发布通告（征求服务建议书）的方式与少数服务提供者接洽，征求各方提交建议书的兴趣，并对表示兴趣的服务提供者发出邀请建议书。

适用情况：当服务只能从有限数目的服务提供者处获得，或审查和评估建议书所需时间和费用与服务价值不相称，或为确保机密、出于国家利益考虑，采购者可直接向服务提供者征求建议。

操作建议：邀请建议书中一般应载明采购者的名称、拟采购的服务性质、特点及时间、价格的表达方式、提交建议书的方式、地点和截止日期、中选标准、评审标准及程序等。

2. 两阶段招标

1）在第一阶段，采购人在招标文件中要求服务提供者提交列明其建议，但不列投标价格的初步投标书，并与符合条件的投标商就其投标的任何方面进行谈判；在第二阶段，采购人邀请投标尚未被拒绝的服务提供者提出列明价格的最后投标，采购者根据一般的招标程序进行评审和比较，确定中标者。

2）两阶段招标的适用情况：不能确定服务特点，或由于服务性质，采购者必须与服务提供者进行谈判时，或采购者为签订一项研究、实验、调查或开发工作的合同时。招标没有人投标或采购者拒绝了全部投标，即使重新招标也不太可能产生采购合同时，也适用这一方式。

3. 竞争性谈判

与两阶段招标、征求建议书基本相同，即凡适用两阶段招标和征求建议书的采购均可通过竞争谈判进行。

1）竞争性谈判的适用情况：因紧迫情况急需得到某种服务，采用招标不切实际时；因灾难性事件急需得到某种服务，采用其他方式耗时太久时；所涉服务或风险的性质不允许事先做出总体定价时；因技术、工艺原因，或保护专属权，服务只能由特定提供者提供时；原合同的履行以需要提供某种补充服务为前提，这种补充服务不可能从技术上或经济上与主合同分开，且为完成主合同所绝对必需。

2）竞争性谈判的操作建议 ：参与谈判的供应商数应确保有效竞争；必须将与谈判有关的所有资料平等地发给所有参与谈判的人；谈判应保密；谈判结束后，采购者应要求剩余的所有服务提供者最迟在某一日期前提出最佳和最后报价，并在此基础上选定中选者。

4. 设计竞赛

有关单位为获得某项计划或设计方案的使用权或所有权而组织竞赛，对参赛者提交的方案进行比较，并与优胜者签订合同的一种程序。主要用于地区规划、城市规划、建筑结构、土木工程或数据处理等方面。

设计竞赛的操作建议：设立资金，对最终选定的方案给予奖励，一般也对落选者给予一定的金钱补偿；开展设计竞赛的单位应通过通告表明意图，并制定可为参赛方接受的竞赛规则；可通过邀请方式限制参赛人数，但确定时必须透明、公平，且人数应确保竞争；优胜方案应由评委会选出，评委会拥有做出决定或发表意见的自主权；评委会由独立于参赛者的自然人组成，在要求参赛者须具备特定专业资格的情况下，至少 1/3 的委员须具备同等或相应的资格。

8.2.3 采购正确的服务

采购正确服务的关键是非常清晰地描述服务的范围和要求。但由于服务采购自身的特点，要做到这一点很不容易。因此，有效的协调企业内外关系就至关重要。

在企业内部，供应管理部门必须处理好与其他职能部门或商务过程的关系，这是任何采购解决方案有效实施的重要保证。原因有二：一是在确定准确和详细的服务要求时，有关部门必须密切配合，必须分享各自所掌握的信息并共同参与决策过程；二是供应部门和企业高管层的关系对服务采购的成败至关重要，因为企业高管层的态度可以为供应部门介入以及对服务采购的统一管理铺平道路。

在企业外部，供应管理部门和供应商的关系也会对服务采购解决方案实施的成功与否产生影响。比如，对供应商能力的了解、服务市场的走向以及供应商关系管理策略等。为了培育和建立起与供应商的良好关系，供应管理部门想了许多办法。一个通常的做法就是向内部业务单位派驻供应管理人员，以加强沟通和建立良好的关系。比如，市场营销部门可能希望找一个具有创造性的服务供应商来帮助完成一个确定的“预期和感觉”。这时，供应管理部门就会指派一个熟悉该营销部门业务的人去帮助确定具体的服务要求，并寻找能够满足要求的服务供应商。

有研究认为，密切的身体接触有助于在不同职能部门间建立起良好的人际关系和增进彼此的信任，因为相互了解的人比较能够从对方的立场出发来理解问题。此外，采取这种“服务上门”的策略也使得供应管理部门能够获得其他部门的专业技能支持。比如，信息技术（IT）人员（公司的核心职能部门）可以参与和 IT 服务相关的采购活动并与其他部门建立起协作关系。

还有一种有效的方法是建立一个由企业内部各有关方面的代表（内部用户，供应管理，财务部门等）组成的商品管理团队。在某些情况下这个团队还会包括关键供应商的代表。供应管理部门的代表是否能够担当这个团队的领导取决于该部门（和个人）在企业中被认可的情况。但是，即使是参加这样的团队对供应管理部门来说也是一个展示其价值的机会。例如，有一个还没有对服务采购实施供应管理一体化的企业，在服务合同审查阶段征求供应管理部门的意见，结果证明可以通过一体化供应管理来改进服务采购的效果。后来，该企业在服务采购的一开始就邀请供应管理部门参与决策过程。

具有讽刺意味的是，现有的关系也可能形成改进服务采购流程的障碍。供应管理部门通常面临的挑战就是与内部用户和其他管理部门以及与服务供应商所建立的长期合作关系可能有碍采购决策的客观性。服务供应商与企业内部用户和供应管理部门的关系决定了它在企业内部的认同程度，而这种认同程度将决定改变服务供应渠道所需要的时间和成本。

清晰的说明所需采购的服务范围和要求是以最低的总成本购买最好服务的前提条件。但经常发生的情况却是服务的范围和要求表述不清。主要的原因有：对服务供应商和服务效果的评价常常带有较大的主观性；实际上存在购买服务供应商而不是购买服务本身的倾向；许多内部客户认为自己的服务需求是独特的，因此不太愿意去尝试新的市场机会。

因此，完全依赖内部客户来确定服务采购的范围和要求常常会引起麻烦。由于需要对服务要求进行审查和修改，可能导致采购周期的延长。一个表述不清的服务要求，可能要经过来回多次的磋商才能表述清楚。来自市场的不充分的信息可能导致内部用户对现有的和潜在的服务供应商做出错误的判断。这些都有可能造成不良的供应商选择，不适当的服务合同和不合格的服务结果。在最坏的情况下，一个不清晰的服务要求描述，可能导致企业获得的服务无法满足最终要求，或者满足需求的服务成本是企业难以承受的。

事实上，所有协调关系和沟通合作的努力只有一个目的，就是创建一种环境，把用户的需求和供应管理的最佳实践有机地结合起来，进而对服务采购管理提出明确的服务和要求。

知识链接

外　包

本质上来说，外包是对非核心业务的承包。这并不是说这些行为不重要，如政府外包了许多行政实务部门和机构所需的计算行为。当然，困难在于决定什么是真正的核心行为，什么不是。

外包协会把外包定义为“战略性的使用外部资源来执行传统上由内部员工和资源处理的活动”。

所以，外包不是购买的同义词。外包是关于只能行为的外部供应，因此外包决策在本质上是具有战略性的，影响组织的性质和范围的。因此外包决策不是在操作层次上作出的，而是涉及高层管理和各种变量因素，例如：

① 我们可以选择外包吗？
② 我们如何选择？
③ 我们如何评估我们自己？
④ 谁是潜在的供应商？
⑤ 我们如何评估他们？
⑥ 我们要建立哪种关系？
⑦ 我们如何管理？
⑧ 我们如何确保效率？

相对于物品采购来说，在服务领域更容易出现外包，甚至是纯粹的外包情况。外包只能通常会形成这种关系：供应商提供连续服务。确定提供连续服务的正确关系，可能需要在计划阶段投入一定的时间和努力。当然，与所有的关系一样，这种关系也会有发展变化，这些变化本身就是需要被管理的。

1. 影响组织外包的因素

影响组织进行外包的因素有很多，如：

① 外部的供应商具有更好的能力。
② 外部的供应商具有更大或更合适的能力。
③ 可以转移资源作为他用。
④ 降低运营成本。
⑤ 通过将资产出售给提供商，从而获得现金。
⑥ 降低或分散风险。

⑦ 缺少内部资源。
⑧ 希望更加专注于核心业务。
⑨ 规模经济。

2. 市场测试方法

在制定是否外包的决策时，进行市场测试是很有帮助的，借此将自己的商务和技术能力与外部提供商进行对比。这一过程要求对目前和未来的需求和能力进行分析和评估，得出一个清晰的规格，并根据这一规格邀请外部提供商投资。分析外部提供商的标书，也许会得出不再继续招标过程的决定，但是，如果在这一段决定外包是合适的，那么就应当接着进行常规的承包商选择和评估，并起草合同。合同最有可能基于商定的，可测量的服务水平。

3. 重要考虑因素

客户和外部提供商不仅要对规格，还要对目的和目标有清楚明确的共同理解，并且将这一理解转化成切合实际的战略计划，这是非常关键的。按照详细而严格的外部提供商制定程序，需要有一个精心设计且双方都接受的合同和得到双方高层领导支持的一种坦诚持续的工作关系。

知识链接

招标采购

1. 招标采购的定义

所谓招标采购，就是通过招标方式寻找最好的供应商进行采购的采购方法。

招标可以分成两种方式：公开招标和邀请招标。公开招标，是指招标人以招标公告的方式邀请不特定的投标者。邀请招标，是指招标人以投标邀请书的方式邀请特定的投标者。二者除邀请方式不同以外，其他步骤都大体相同。

2. 招标采购的过程

招标采购是一个复杂的系统工程，它涉及各个方面各个环节。一个完整的招标采购过程，基本上可以分为五个阶段：

（1）第一阶段，策划

招标活动是一次涉及范围很大的大型活动。因此，开展一次招标活动，需要进行很认真的周密策划。招标策划主要应当作以下的工作：

1）明确招标的内容和目标，对招标采购的必要性和可行性进行充分的研究和探讨。

2）对招标书的标底进行仔细研究确定。

3）对招标的方案、操作步骤、时间进度等进行研究决定，例如，是采用公开招标还是邀请招标，是自己亲自主持招标还是情人代理招标，分成哪些步骤，每一步怎么进行等。

4）对评标方法和评标小组进行讨论研究。

5）把以上讨论形成的方案计划形成文件，交由企业领导层讨论决定，取得企业领导决策层的同意和支持，有些甚至可能还要经过公司董事会的同意和支持。

以上的策划活动有很多诀窍。有一些企业为了慎重，特意请咨询公司代理进行策划。

（2）第二阶段，招标

在招标方案得到公司的同意和支持以后，就要进入实际操作阶段。招标的第一个阶段就是招标阶段。招标阶段的工作主要有：

1）形成招标书。招标书是招标活动的核心文件，要认真起草好招标书。招标书的内容主要有：

① 投标邀请。

② 招标内容与目标（如采购设备一览表以及其他合作要求等）。

③ 投标方须知。

④ 购销合同。

⑤ 投标文件格式。

2）对招标书的标底进行仔细研究确定。有些要召开专家会议，甚至邀请一些咨询公司代理。

3）招标书发送：要采用适当的方式，将招标书传送到所希望的投标人手中。例如，对于公开招标，可以在媒体上发布；对于选择性招标，可以用挂号或特快专递直接送交所选择的投标人。许多的标书是要花钱买的，有些标书规定是要交一定的保证金的，这些则要交钱以后才能得到招标书。

（3）第三阶段，投标

投标人在收到招标书以后，如果愿意投标，就要进入投标程序。首先就是要准备投标书等有关文件。这些文件包括：

① 投标书、投标报价一览表、分项一览表。

② 投标资格证明文件（公司的营业执照副本复印件加盖公章及其他相关证件）。

③ 公司与制造商代理协议和授权书。

④ 公司有关技术资料及客户反馈意见。

⑤ 投标方应按招标文件中提供的投标文件格式填写，并将投标文件装订成册，在册面上填写“投标文件资料清单”。

其中特别是投标书、投标报价需要特别认证的研究仔细地论证完成。这些内容是要和许多供应商竞争评比的，既要先进、又要合理、还要有利可图。

投标文件要在规定的时间准备好，一份正本、若干份副本，并且分别封装签章，信封上分别注明“正本”“副本”字样，寄到招标单位。

（4）第四阶段，评标

招标方收到投标书后，直到招标会开会那天，不得事先开封。只有当招标会开始，投标人到达会场，才将投标书邮件交投标人检查签封完好后，当面开封。

开封后，投标人可以拿着自己的投标书当着全体评标小组陈述自己的投标书、并且接受全体评委的质询，或者甚至参加投标辩论。陈述辩论完毕，投标者退出会场，全体评标人员进行分析评比，最后投票或打分选出中标人。

（5）第五阶段，定标

在全体评标人员投票或打分选出中标人员以后，将结果交给投标方，并且通知中标方。同时对于未中标者也要明确通知他们，并表示感谢。

以上是一般情况下的招标采购的全过程。在特殊的场合，招标的步骤和方式也可能有一些变化。

3. 招标采购的优越性

招标采购是在众多供应商情况下选择最有供应商的有效方法。它有很多优越性：

① 它体现了公开、公正和公平。它的操作过程全部公开，接受公众的监督，防止了暗箱操作。这样做，使所有投标者放心，不必走歪门邪道、费心思精力用于探听信息，只需专心致志搞好投标业务，提高了投标质量。同时信息公开，也可以防止行贿受贿和腐败违法等行为，维护了公平和公正。保证了整个活动的正常进行。

② 它体现了竞争。招标活动是若干投标人的一个公开竞标的过程，是一场实力的大比拼。利用竞争机制，才能够调动众人的积极性和智慧，才造成一种力争上游的局面，才使得投标活动生机勃勃，提高了投标的水平和质量。

③ 它体现了优化。由于投标竞争比较激烈，众多的投标者通过竞争最后只能有一个中标者，平等竞争、方案优越者才能取胜。所以，每个投标者必然会调动全部的智慧、竭尽全力制定和提供最优的方案参与竞争。所以可以说每个投标者提供的方案都是各自的最优方案。而评标小组又在这些方案的基础上，进一步分析比较选出更优的方案。因此，这就保证了最后的中标方案是在集中了众多投资者集体智慧的基础上所形成的最优方案。

4. 招标采购的适用情况

招标采购一般是一项比较庞大的活动，牵涉面广、费时间、费精力、成本高。因此并不是什么情况都需要采用招标投标的方法。一般只适宜于比较重大的项目中，或者影响比较深远的项目中。

例如，寻找比较长时间的持续物资供应商，如新企业开业，寻找未来的长期物资供应伙伴时；寻找一次比较大批量的物资供应商；寻找一项比较大的建设工程的工程建设和物资采购供应商等，都应该采用招标方式进行。

而对于小批量物资采购、或者比较小的建设工程，一般少用招标方式，因为这样做成本太高、不合算。

小　结

本节介绍了服务采购的分类和服务采购的方式。

相关作业

画图说明服务采购的流程。

本章小结

服务采购是采购的一种特殊形式，通过本章相关内容的分析，应该掌握服务采购的含义与特点，了解服务采购在企业采购中的分类和控制流程，掌握服务采购的方式，将服务采购与一般物品采购合理结合，为企业提高效率、降低成本、保证质量作出良好改进。

案例分析

缩短IT服务采购周期，降低采购成本

今天，中国惠普有限公司（HP）正式发布“终端用户工作环境解决方案（Ender User Workplace Solution，EUWS）标准服务包”。围绕“新标准、新桌面、新境界”的主题，在国内首次推出全国统一的价格和预定制的模块化服务，帮助快速发展的中国企业节省终端用户的采购时间和成本，共享惠普全球同步的支持服务。

EUWS标准服务包分为“用户IT支持服务”和“多厂商产品支持服务”两大模块，其中，“用户IT支持服务”为基本服务模块，包含全球资源共享的惠普帮助台服务及现场支持服务。“多厂商产品支持服务”为可选服务模块，包含多厂商硬件支持服务和原厂商协调服务。围绕单个终端用户，EUWS标准服务包拥有完整的支持环境，由远程服务（帮助台）、现场派单（现场支持、多厂商硬件支持）和协调支持三个不同层次的服务组成。按照所提供支持服务的类别、标准和目标，EUWS标准服务包又可量化细分为

不同的服务级别，分别对应不同的价格，供企业灵活选择。EUWS 标准服务包灵活组合的模块化服务，不仅便于企业简化支持服务的采购过程，又可帮助企业一站式解决终端用户桌面 IT 环境等管理方面的难题，节省管理成本，提高使用效率。

为确保为客户提供迅速、有效的标准服务，惠普坐落在大连的全球支持服务中心（GSC）作为惠普两大全球性服务中心之一，将向中国 EUWS 标准服务用户提供来自于惠普全球的丰富的支持服务资源。此外，惠普服务在中国内地各大城市的分支机构及广泛的合作伙伴网络，也将为 EUWS 标准服务的响应速度提供坚实保障。

目前，中国 IT 企业在建设及管理终端用户工作环境过程中，经常难以找到可靠、统一的支持服务提供商，企业不仅要为此付出高昂的代价，而且也面临 IT 日常运行维护的许多难题。在此情形下，惠普 EUWS 标准服务包应运而生。EUWS 标准服务包采用了预定制、模块化的形式，便于企业选择和应用，中国企业将可以大大节省其花费在终端用户工作环境上的采购成本及时间。

事实上，惠普此次发布 EUWS 标准服务包只是惠普 EUWS 整体解决方案在中国市场迈出的第一步。惠普 EUWS 整体解决方案将涉及桌面生命周期解决方案、移动生命周期解决方案、信息与协作生命周期解决方案、帮助台解决方案、成像和打印生命周期解决方案五大方面，帮助企业管理复杂、分散的机构，将人员和技术更好的整合起来，加强对基础设施及服务的控制能力和即时访问能力，并持续优化成本。

对此，惠普公司亚太及日本地区科技管理服务部总监韩瑞光（Shaun Han）预测：“此次推出 EUWS 标准服务包，将以适合中国企业共性和个性需求的方式，促进 EUWS 整体解决方案在中国企业中的深入应用。惠普 EUWS 解决方案是对终端用户 IT 环境管理的一次深刻变革，将极大的提升企业生产效率，促进业务管理的灵活性，帮助企业实现 IT 与业务同步。”

一、关于惠普(HP)

惠普（HP）是面向个人用户、大中小型企业和研究机构的全球技术解决方案提供商。惠普（HP）提供的产品涵盖了 IT 基础设施、全球服务、商用和家用计算以及打印和成像等领域。截止至 2006 年 10 月 31 日的 2006 财年，惠普（HP）的营业额达 917 亿美元。

二、关于中国惠普

中国惠普有限公司成立于 1985 年，是中国第一家中美合资的高科技企业。在逾 20 年的发展历程中，中国惠普始终保持业务的高速增长，是惠普（HP）全球增长最快的子公司。目前，中国惠普拥有九大区域总部、28 个办事处、37 个支持服务中心、超过 200 个金牌服务网点、两家工厂、惠普（中国）实验室、全球软件服务中心、惠普（中国）研发中心、全球运营支持中心以及惠普商学院、惠普 IT 管理学院和惠普软件工程学院。

问题：通过以上案例，请依照你对服务采购的理解，提出企业服务采购工作的改进措施。

思考与练习

1．服务采购与企业一般采购的本质区别在哪里？有什么特点？
2．服务采购的方式有哪些？还可以做哪些拓展和延伸？
3．招标采购的程序有哪些？

小组模拟仿真

要求小组讨论，并将活动成果以小组为单位提交作业。

1．岗位角色

每组10人，分为两组：
A组，5人，服务采购者；
B组，5人，服务采购供应商。

2．模拟内容

结合本章相关内容，参照下表作出服务采购的问卷调查，针对不同行业显示不同特点。然后两组各自站在本组角色，进行服务采购的企业内部调查，并根据此调查作出企业服务采购需求与分类，分析服务该公司服务采购可以采取的方式及改进建议。

采购服务调查问卷

编号：

供方：　　　　　　　　　　　　　　　　　　　　采购项目：

一、请您对供方提供的产品和服务进行评价

1．产品的质量与稳定性：

□很满意　□满意　□一般　□不满意　□很不满意　□不清楚

在使用过程中发现需要进一步改进的建议：

2．产品的性价比：

□很满意　□满意　□一般　□不满意　□很不满意　□不清楚

建议：

3．供方提供的销售服务：

□很满意　□满意　□一般　□不满意　□很不满意　□不清楚

4. 产品的备品备件:

□很满意　□满意　□一般　□不满意　□很不满意　□不清楚

建议:

5. 产品的供货期:

□很满意　□满意　□一般　□不满意　□很不满意　□不清楚

6. 供方提供的售后服务及技术指导:

□很满意　□满意　□一般　□不满意　□很不满意　□不清楚

7. 供方的企业规模和技术实力:

□很满意　□满意　□一般　□不满意　□很不满意　□不清楚

8. 请对供方作综合评价:

□很满意　□满意　□一般　□不满意　□很不满意　□不清楚

9. 产品是否符合公司职业健康安全和环境管理体系要求的评价:

□很满意　□满意　□一般　□不满意　□很不满意　□不清楚

二、请您对采购服务质量进行评价

1. 产品及供应商选择的评价:

□很满意　□满意　□一般　□不满意　□很不满意　□不清楚

2. 采购效率及供货期的评价:

□很满意　□满意　□一般　□不满意　□很不满意　□不清楚

3. 采购过程协调沟通情况的评价:

□很满意　□满意　□一般　□不满意　□很不满意　□不清楚

4. 采购人员责任心、服务态度与服务意识的评价:

□很满意　□满意　□一般　□不满意　□很不满意　□不清楚

5. 采购人员成本控制的评价:

□很满意　□满意　□一般　□不满意　□很不满意　□不清楚

6. 向采购部反映问题渠道的畅通性。

□很满意　□满意　□一般　□不满意　□很不满意　□不清楚

反映方式:采购部长 2310820　公司质量管理:2061895　分管领导:2061861

7. 针对本次采购,您认为采购管理工作中,哪些方面有待进一步改善?并请提出宝贵意见:

□沟通协调不够　□采购计划欠科学性　□合同执行力不足　□业务技能欠缺

□信息反馈不够　□服务意识差　□未严格执行制度　□其他

请您提出宝贵的建议:

三、评分标准

很满意	10分	满　意	8分	一般	6分
不清楚	4分	不满意	2分	很不满意	0分

评价部门：　　　　　　　　评价人员：　　　　　　　　联系电话：

为了不断改进和提高我们采购服务质量，请您在百忙之中能给予实事求是的评价并提出建议。对于您的支持，我们表示万分感激！

采 购 部

年　　月　　日

3. 模拟步骤

1）各小组明确各自职责范围。
2）各组人员按活动要求准备各自资料或进行工作准备。
3）活动中，各小组成员密切配合，按相关程序进行。
4）进行一个完整的服务采购的调查和描述。

4. 作业展示及点评

考核评分表

考评小组		被考评小组	
考评地点			
考评内容	服务采购调查		
考评标准	内　容	分　值	实际得分
合计		100	

注：考评满分为100分，60～74分为及格；75～84分为良好；85分以上（含85分）为优秀。

参 考 文 献

方光罗．2004．商品采购管理．大连：东北财经大学出版社

鞠颂东．2005．采购管理．北京：机械工业出版社

柳和玲．2006．物流运作案例剖析．北京：物资出版社

孙明贵．2004．采购物流实务．北京：机械工业出版社

郑称德．2005．采购与供应管理．北京：对外经济贸易大学出版社

Prof.Arjan Jvan Weele．2002．采购与供应链管理：分析、规划及其实践．北京：清华大学出版社